JEAN-JACQUES ORY

UN PARCOURS PARISIEN

avec la collaboration de Marc Gaillard

EDITIONS RAMSAY

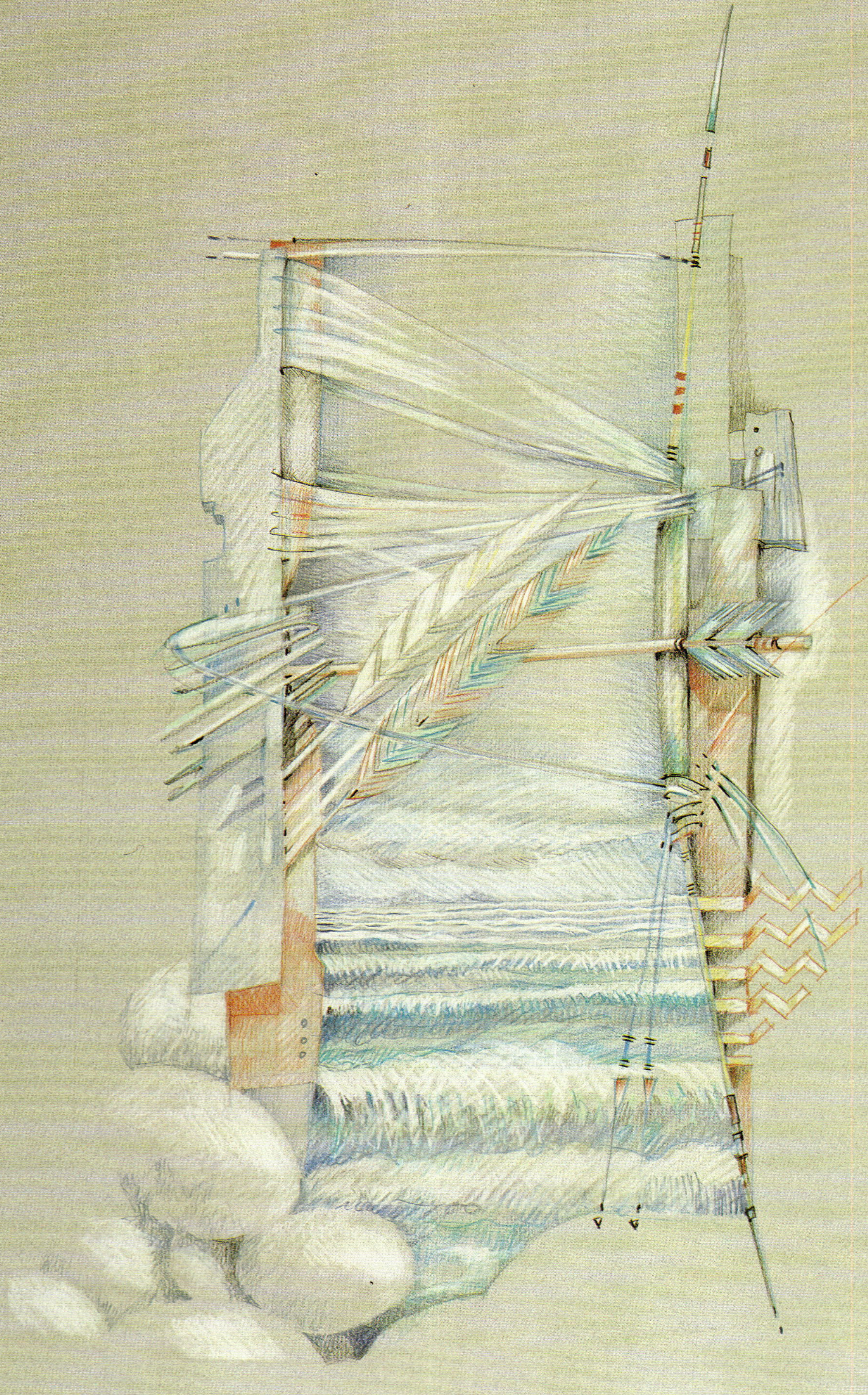

SOMMAIRE

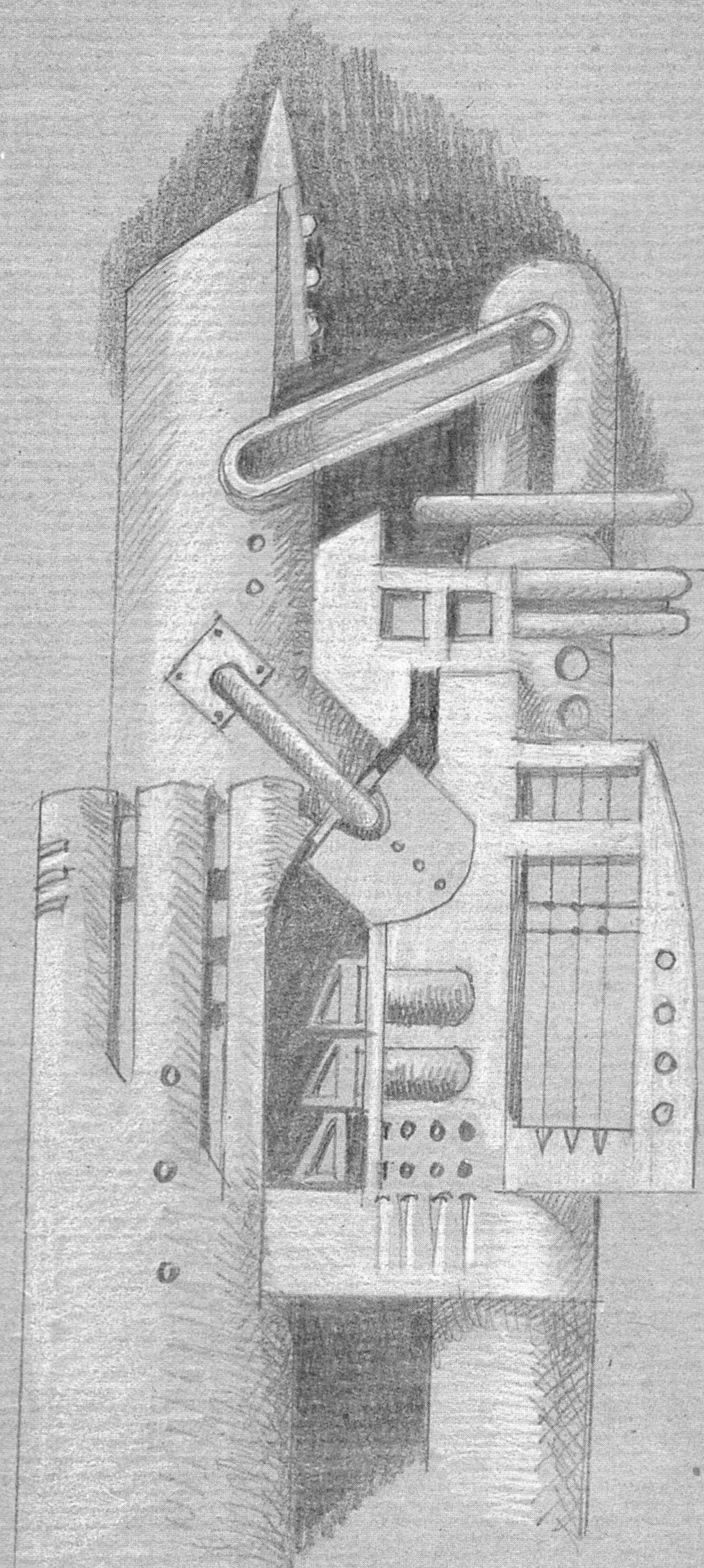

JEAN-JACQUES ORY UN PARCOURS PARISIEN

PARMI LES ARCHITECTES FRANÇAIS DE SA GÉNÉRATION, JEAN-JACQUES ORY OCCUPE UNE PLACE ASSEZ PARTICULIÈRE. EN EFFET, SON ACTIVITÉ DE CONCEPTEUR SE SITUE À LA FOIS DANS LE DOMAINE DE LA RÉHABILITATION-RÉNOVATION DE BÂTIMENTS ANCIENS, NÉO-CLASSIQUES, DANS CELUI DE LA RECONSTRUCTION D'IMMEUBLES OU DE BÂTIMENTS INDUSTRIELS, POUR DES USAGES NOUVEAUX, DANS L'INTERVENTION-RÉHABILITATION D'IMMEUBLES RÉCENTS, DANS LA CRÉATION DE BÂTIMENTS CONTEMPORAINS ; PLUS GÉNÉRALEMENT ENCORE, IL TRAVAILLE À LA CONCEPTION D'ENSEMBLES QUI FONT COHABITER, DANS UN MÊME PROGRAMME ET DANS UN MÊME ESPACE, DES ÉLÉMENTS ARCHITECTURAUX ANCIENS CONSERVÉS ET RESTAURÉS, AVEC DES CONSTRUCTIONS NOUVELLES, ISSUES D'UN CONCEPT ET D'UNE ÉCRITURE PLASTIQUE CONTEMPORAINE, VOIRE D'AVANT-GARDE.

POUR ARRIVER À RÉUNIR, DANS UNE INTÉGRATION HARMONIEUSE, DES BÂTIMENTS EN APPARENTE DUALITÉ, JEAN-JACQUES ORY FAIT APPEL À UNE SENSIBILITÉ AIGUË AUX IMAGES MULTIPLES DE LA VILLE.

SA FORMATION, SA CONNAISSANCE DU PATRIMOINE ANCIEN ET NOTAMMENT DE L'ARCHITECTURE NÉO-CLASSIQUE ET ÉCLECTIQUE DE PARIS AU XIXe SIECLE, FACILITENT UNE APPROCHE ET CONDUISENT À DES PROPOSITIONS PLASTIQUES, EN SYMBIOSE ET EN DIALOGUE AVEC L'ESPRIT DES LIEUX SUR LESQUELS IL EST APPELÉ À INTERVENIR.

A TRAVERS UN CURSUS PROFESSIONNEL PARTICULIÈREMENT ABSORBANT (DEPUIS PLUSIEURS ANNÉES SON STUDIO D'ARCHITECTURE EST PARMI LES PLUS IMPORTANTS DE FRANCE), SES PRÉOCCUPATIONS ESTHÉTIQUES, SON GOÛT DE L'OBSERVATION, DE LA NOTATION, LUI ONT PERMIS DE SAUVEGARDER ET DE CULTIVER UNE LIBERTÉ DE JUGEMENT PAR RAPPORT AUX PROJETS QU'IL AVAIT À TRAITER, TANDIS QUE LA PRATIQUE CONSTANTE DU DESSIN, DES RECHERCHES GRAPHIQUES, DE LA PEINTURE, LUI ONT CONSERVÉ LA FRAÎCHEUR D'APPRÉCIATION, LA FACULTÉ D'ÉTONNEMENT ET D'ENTHOUSIASME SANS LESQUELS IL N'Y A PAS DE CRÉATION POSSIBLE.

JEAN-JACQUES ORY INTRIGUE PAR LA LIBERTÉ AVEC LAQUELLE IL ÉVOLUE. ON PERÇOIT IMMÉDIATEMENT UN SENS DE L'HUMOUR DÉVELOPPÉ, UNE APTITUDE À FAIRE PREUVE D'UNE CERTAINE IMPERTINENCE VIS-À-VIS DE LUI-MÊME. TEMPÉRAMENT OPTIMISTE, JEAN-JACQUES ORY POSSÈDE CE QUE L'ON NOMME LE CHARISME ; IL L'UTILISE SANS ARRIÈRE-PENSÉE, TANT POUR CONVAINCRE SES INTERLOCUTEURS, QUE POUR SOUDER ET DYNAMISER UN GROUPE DE COLLABORATEURS, ARCHITECTES ET AUTRES QUI, POUR LA PLUPART, TRAVAILLENT AVEC LUI DEPUIS LA CRÉATION DE SON AGENCE EN 1979.

L'Agence ORY dans un immeuble construit par l'architecte Pol Abraham dans les années 30.

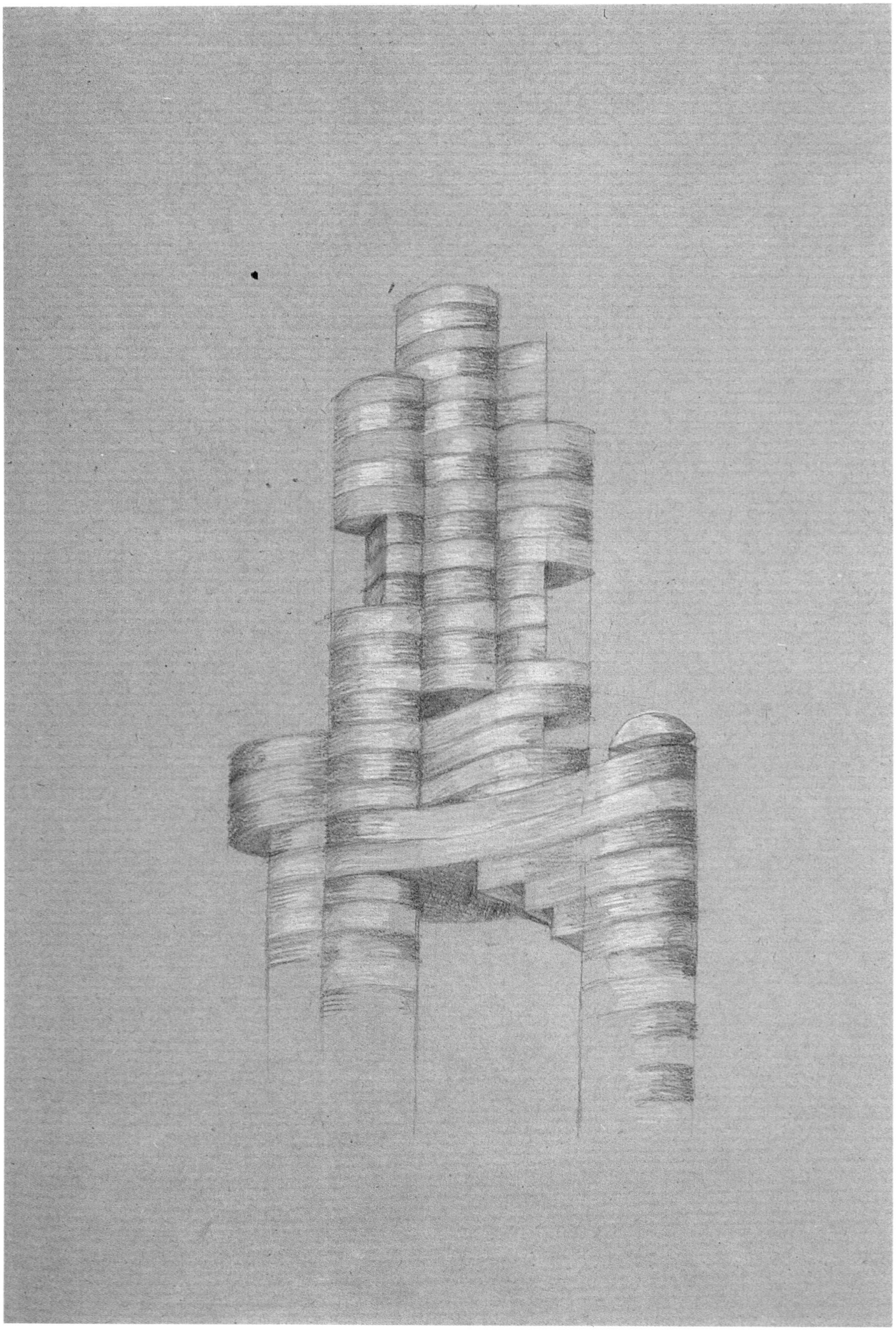

Concours pour l'Ecole Normale Supérieure de Cachan.
En collaboration avec le peintre Guy-Rachel Grataloup.

IL Y A DANS CETTE ÉQUIPE UNE RELATION DE FRATERNITÉ AMICALE ET COMPLICE, DE DIALOGUE, QUI ÉTABLIT LA CONFIANCE. CHEF D'ENTREPRISE ORGANISÉ, DÉTERMINÉ ET PATIENT, JEAN-JACQUES ORY EST AVANT TOUT CE QU'IL EST CONVENU D'APPELER UN ENTRAÎNEUR D'HOMMES.

SI L'ON S'EN RÉFÈRE À L'INFLUENCE DU MILIEU FAMILIAL, RIEN NE PRÉDISPOSAIT CE FILS DE GÉNÉRAL À CHOISIR LA CARRIÈRE D'ARCHITECTE, SINON UN GOÛT PRONONCÉ POUR LE DESSIN, APPARU DÈS SON ADOLESCENCE.

APRÈS DES ÉTUDES SECONDAIRES AU COLLÈGE SAINT-JEAN DE PASSY, OÙ IL RENCONTRE PATRICE NOVARINA, QUI EST L'UN DE SES PLUS ANCIENS AMIS, IL ENTRE À L'ECOLE DES BEAUX-ARTS, QUAI MALAQUAIS, DANS LA JOYEUSE ANARCHIE DES ANNÉES 68.

APRÈS AVOIR FRÉQUENTÉ L'ATELIER DE RENÉ VIVIEN, JEAN-JACQUES ORY PASSE RUE JACQUES-CALLOT DANS CELUI DE QUÉNARD. EN 1969, IL EST INSCRIT DANS "L'UNITÉ PÉDAGOGIQUE" N° 1, INSTALLÉE ALORS PROVISOIREMENT AU GRAND PALAIS. PARMI LES ENSEIGNANTS SE TROUVE JEAN-PIERRE MAILLARD. AVEC LUI JEAN-JACQUES ORY SE TROUVE PLONGÉ DANS LE MOUVEMENT D'UNE MINORITÉ ACTIVE TENTÉE PAR L'EXPÉRIMENTATION, LA NOTION D'ARCHITECTURE MODULABLE D'INDUSTRIALISATION. DANS L'ATELIER MAILLARD S'EFFECTUENT DES RECHERCHES SUR LES MAISONS EXTENSIBLES MODIFIABLES OU MOBILES.

SON DIPLÔME OBTENU, JEAN-JACQUES ORY TRAVAILLE CHEZ SES CONFRÈRES COMME IL EST DE COUTUME DANS LA PROFESSION. DANS LE CADRE DE L'AGENCE DE CLAUDE CHARPENTIER, ARCHITECTE ALORS CHARGÉ DE CERTAINS QUARTIERS SAUVEGARDÉS DE PARIS, IL PARTICIPE NOTAMMENT AU RELEVÉ GÉOMÉTRAL DÉTAILLÉ DE TOUS LES IMMEUBLES ET ÉDIFICES PUBLICS DU QUARTIER DES HALLES ET DE MONTMARTRE. C'EST POUR LUI UNE OCCASION D'EXERCER SES TALENTS DE DESSINATEUR HABILE ET PRÉCIS. SON GOÛT DE L'OBSERVATION LUI APPREND À CONNAÎTRE LES MULTIPLES QUALITÉS ARCHITECTURALES ET DÉCORATIVES DE CE PATRIMOINE IMMOBILIER PARISIEN, SUR LEQUEL QUELQUES ANNÉES PLUS TARD IL A BEAUCOUP TRAVAILLÉ. PENDANT DES MOIS, PATIEMMENT, IL FAIT LE RELEVÉ DES FAÇADES DE CES IMMEUBLES DONT CERTAINS ONT DISPARU DEPUIS. CELA LE PASSIONNE CAR IL AIME DESSINER. CELA LUI APPREND SURTOUT À REGARDER PARIS D'UNE FAÇON TRES ATTENTIVE, CAR IL NE FALLAIT RIEN OUBLIER. CE TRAVAIL LE CONDUIT À DÉCOUVRIR LA FABULEUSE VARIÉTÉ DU PATRIMOINE PARISIEN, DE CES FAÇADES RELATIVEMENT SIMPLES D'ÉPOQUE CHARLES X, DE LEUR ENRICHISSEMENT ORNEMENTAL SOUS LOUIS-PHILIPPE, DE LEURS ORDONNANCEMENTS RIGOUREUX SOUS LE SECOND EMPIRE, DE LA LIBÉRATION FOISONNANTE, PARFOIS REDONDANTE, QUI CARACTÉRISE LA FIN DU XIXE SIÈCLE. BIEN SÛR, RIEN DE TOUT CELA N'AVAIT ÉTÉ ÉTUDIÉ NI MONTRÉ À L'ÉCOLE DES BEAUX-ARTS, OÙ LE CÔTÉ HISTORIQUE ET PATRIMONIAL INTÉRESSAIT PEU ; CES ASPECTS DE LA CULTURE ARCHITECTURALE ÉTAIENT ALORS CONSIDÉRÉS COMME L'APANAGE ET LA PRÉOCCUPATION DES SEULS ARCHITECTES DES MONUMENTS HISTORIQUES OU DES ARCHITECTES DES BÂTIMENTS DE FRANCE.

Aérogare de Jérusalem - Projet.

ORY 92

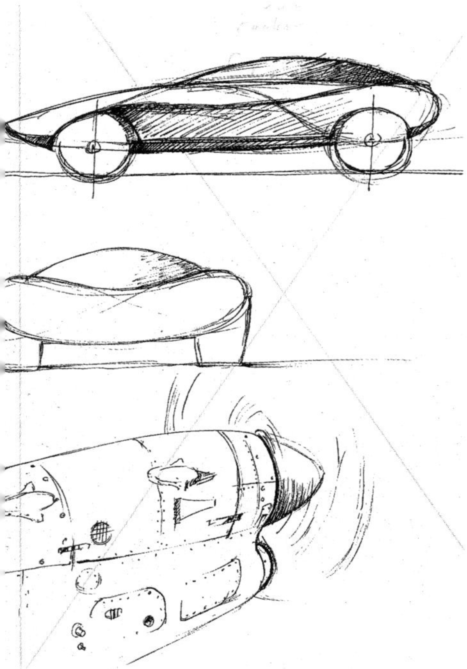

Les dessins d'un collectionneur de voitures et d'un amateur de voile...

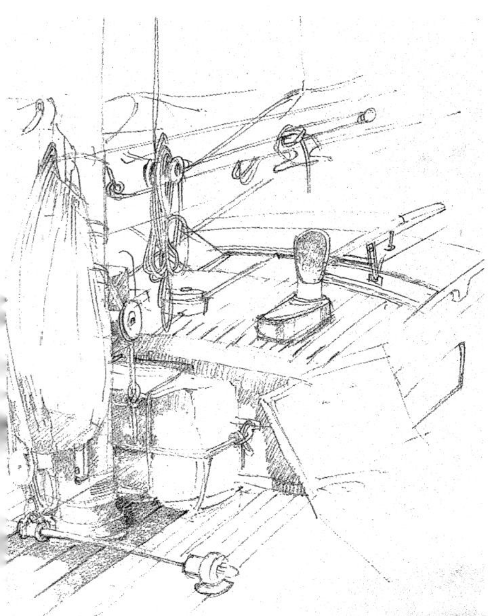

PEU DE TEMPS APRÈS, UNE FILIALE SPÉCIALISÉE DE LA CAISSE DES DÉPÔTS LUI CONFIE UNE MISSION D'ÉTUDES POUR LE SCHÉMA DIRECTEUR DE LA VILLE DE RYAD. C'ÉTAIT L'OCCASION IDÉALE D'ABORDER LES THÉMATIQUES DE L'URBANISME MODERNE SUR UN TERRAIN VIERGE. IL TRAVAILLE AUSSI À CETTE ÉPOQUE DANS L'AGENCE DE MAURICE NOVARINA.

A LA FIN DES ANNÉES SOIXANTE-DIX, JEAN-JACQUES ORY RENCONTRE UN PROMOTEUR, BERNARD MACCHABÉE, AVEC LEQUEL IL SYMPATHISE. DEUX ANS PLUS TARD, CELUI-CI LUI CONFIE L'ÉTUDE DE LA RESTRUCTURATION RUE DES PETITES-ÉCURIES DE L'ANCIENNE IMPRIMERIE DU "PARISIEN LIBÉRÉ". UNE PETITE ÉQUIPE, DONT CERTAINS MEMBRES SONT ENCORE PARMI LES COLLABORATEURS DE JEAN-JACQUES ORY QUINZE ANS APRÈS, S'INSTALLE SUR PLACE. C'EST LA PREMIÈRE AGENCE ORY.

VIENNENT ENSUITE DE NOUVELLES COMMANDES. DANS CERTAINS DE CES PROGRAMMES LES MAÎTRES D'OUVRAGE FONT PREUVE D'IMAGINATION ; ON TRANSFORME DE GRANDS GARAGES EN BUREAUX OU EN RÉSIDENCES. C'EST LE CAS, NOTAMMENT, BOULEVARD GOUVION-SAINT-CYR, RUE PERGOLÈSE, RUE BÉRANGER... CES RÉNOVATIONS-RÉHABILITATIONS SONT ALORS EXCEPTIONNELLES À PARIS.

DANS LE CENTRE RIVE DROITE, DIVERS IMMEUBLES DU SECOND EMPIRE ET DE LA BELLE ÉPOQUE SONT TOTALEMENT RÉNOVÉS. EN QUELQUES ANNÉES, L'AGENCE ORY DEVIENT LE SPÉCIALISTE PRESQUE "INCONTOURNABLE" DE LA RÉNOVATION-RECONSTRUCTION D'IMMEUBLES NÉO-CLASSIQUES OU DE BÂTIMENTS INDUSTRIELS ET COMMERCIAUX. A PARIS, MAIS AUSSI FRÉQUEMMENT EN BANLIEUE, DES HÔTELS INDUSTRIELS SONT CRÉÉS, QUELQUEFOIS À PARTIR D'ANCIENNES USINES OU ENTREPÔTS. CE SERA LE CAS DE L'USINE SIMCA À NANTERRE, DEVENU LE CENTRE D'AFFAIRES "LE CAPITOLE" ; DE L'ANCIEN ENTREPÔT DES CÂBLES DE LYON À COLOMBES DEVENU L'HÔTEL INDUSTRIEL "LES BOURGOGNES". AINSI, JEAN-JACQUES ORY EST L'UN DE CEUX QUI ONT PARTICIPÉ LE PLUS ACTIVEMENT À LA GRANDE MUTATION DES IMMEUBLES PARISIENS DE LA DERNIÈRE DÉCENNIE ET À LA PRISE EN COMPTE DE LEUR VALEUR PATRIMONIALE HISTORIQUE ET ESTHÉTIQUE.

L'AMPLEUR DE CERTAINES DE CES RÉALISATIONS NE L'EMPÊCHE PAS, BIEN AU CONTRAIRE, D'AVOIR LE SOUCI DU DÉTAIL BIEN FAIT ET BIEN FAIT JUSQU'AU BOUT, COMME ON PEUT EN JUGER À TRAVERS UNE OBSERVATION ATTENTIVE DES PRINCIPALES RÉALISATIONS DE SON AGENCE.

COMME NOMBRE DE SES CONFRÈRES CONTEMPORAINS, JEAN-JACQUES ORY ESTIME QUE LA CRÉATION ARCHITECTURALE DOIT, POUR ÊTRE ABOUTIE, SE PRÉOCCUPER DU DÉTAIL. ON CONNAÎT LE CÉLÈBRE APHORISME DE L'ARCHITECTE AMÉRICAIN MIES VAN DER ROHE À CE PROPOS. C'EST AUSSI DANS LA PRÉCISION, LA RIGUEUR DE LA CONCEPTION DU DESSIN ET DE L'EXÉCUTION DES DÉTAILS QUE LES BÂTIMENTS ACQUIÈRENT UNE PART DE LEUR AUTHENTICITÉ ET DE LEUR JUSTIFICATION ESTHÉTIQUE. AUSSI, LE SOUCI ET LE PLAISIR D'ARCHITECTURE S'EXPRIME-T-IL CHEZ JEAN-JACQUES ORY DANS LA RECHERCHE PATIENTE DU DESSIN ET DE LA PROPORTION D'UN PROFIL MÉTALLIQUE, D'UN CABOCHON DE MARBRE OU DE PIERRE, D'UNE RAMPE,

D'UN GARDE-CORPS, D'UNE CONSOLE, D'UNE BALUSTRADE, D'UNE BASE DE COLONNE OU DE LA ROTULE D'UN CHAPITEAU MÉTALLIQUE ; ON LE TROUVE AUSSI DANS LA CONCEPTION D'UNE POIGNÉE DE PORTE, D'UNE RAMPE D'ÉCLAIRAGE, D'UNE MARCHE D'ESCALIER, D'UN LIMON, DANS LE CALEPINAGE D'UN SOL OU CELUI D'UNE PAROI DE VERRE OU DE BÉTON. CE SOUCI DE LA COHÉRENCE DU CONTENANT AVEC LE CONTENU A POUR RÉSULTAT ET POUR COROLLAIRE UNE DÉLICATESSE, UNE ÉLÉGANCE DANS L'EMPLOI DES MATÉRIAUX ET DES STRUCTURES QUI PARTICIPENT À LA LISIBILITÉ DE L'ARCHITECTURE, À LA QUALITÉ DE L'ÉMOTION RESSENTIE.

AFIN D'ALLER PLUS AVANT DANS CETTE DIRECTION ET D'ASSUMER PLUS LARGEMENT LA CONCEPTION DES COMPOSANTS DE CE QUE L'ON DÉSIGNE PAR LE TERME GÉNÉRIQUE D'ARCHITECTURE INTÉRIEURE, JEAN-JACQUES ORY A CRÉÉ, EN 1994, UN BUREAU D'ÉTUDES COMMUN AVEC DIDIER GOMEZ.

L'ORGANISATION DE L'AGENCE, SOUVENT CONSIDÉRÉE COMME UN MODÈLE, IMPLIQUE DE LA PART DE SON ANIMATEUR, UNE GRANDE DISPONIBILITÉ, CE QUI NE L'EMPÊCHE PAS DE SE CONSACRER À D'AUTRES ACTIVITÉS ET, NOTAMMENT DEPUIS 1992, À L'ENSEIGNEMENT. JEAN-JACQUES ORY A EN EFFET REPRIS AVEC PLAISIR LE CHEMIN DE LA RUE BONAPARTE, DANS L'ATELIER CRÉÉ PAR MICHEL MAROT. AU SEIN DE L'UNITÉ PÉDAGOGIQUE DU QUAI MALAQUAIS, IL DONNE CHAQUE SEMAINE DES COURS ET DES CONFÉRENCES SUR L'ORGANISATION TECHNIQUE ET MATÉRIELLE D'UNE AGENCE, LES RAPPORTS DE L'ARCHITECTE AVEC LES AUTRES PARTENAIRES DU MONDE COMPLEXE DU BÂTIMENT, IL INVITE SOUVENT LES ÉTUDIANTS À VISITER CERTAINS CHANTIERS. CETTE FORME DE DIALOGUE QUI LES PRÉPARE À LA VIE PROFESSIONNELLE EST APPRÉCIÉE. JEAN-JACQUES ORY TROUVE AINSI, AU CONTACT D'UNE JEUNE GÉNÉRATION CURIEUSE, ATTENTIVE ET ENTHOUSIASTE, UN APPORT BIENFAISANT, BÉNÉFIQUE, QUI PARTICIPE À SA PROPRE DYNAMIQUE.

Paysage lyrique bleu.
Acrylique sur toile, 1992.

« *CET ENSEIGNEMENT,* DIT-IL, *EST AUSSI UNE SORTE DE TEMPS DE RUPTURE DANS LA PRESSION DU TRAVAIL QUOTIDIEN. JE PLONGE AINSI DANS UN CONTEXTE INTELLECTUEL OÙ LE DIALOGUE EST TRÈS OUVERT, OÙ LES IDÉES REÇUES N'EXISTENT PAS ; LES ÉTUDIANTS MANIFESTANT ESSENTIELLEMENT LEUR SOUCI DE CONNAISSANCE, DANS UNE LIBERTÉ D'ESPRIT QUI GARANTIT LEUR LIBERTÉ DE JUGEMENT.* »

PARMI LES MEILLEURS MOMENTS DE SON ACTIVITÉ PROFESSIONNELLE FIGURENT CEUX PASSÉES SUR LA PLANCHE À DESSIN À CHERCHER LE PARTI D'UN NOUVEAU BATIMENT, À CRAYONNER DES MULTITUDES D'ESQUISSES DANS CETTE AMBIANCE SI PARTICULIÈRE ET SI CRÉATRICE DES DERNIERS JOURS ET DES DERNIERS INSTANTS QUI PRÉCÈDENT LE "RENDU" D'UN PROJET OU D'UN CONCOURS.

CES HEURES OÙ FUSENT LES IDÉES DANS UN CLIMAT DE CAMARADERIE ACTIVE, DANS UNE ATMOSPHÈRE DÉTENDUE QUI AIDE ET ACCOMPAGNE LA CRÉATION, SONT ESSENTIELLES DANS LA PARTICIPATION À L'ÉLABORATION D'UN PROJET.

Jean-Jacques Ory et Marc Gaillard.

SA PASSION POUR LE DESSIN S'EXPRIME AUSSI DANS LA RÉALISATION DE NOMBREUX PASTELS DANS LESQUELS APPARAISSENT DES BÂTIMENTS QUELQUE PEU ONIRIQUES DANS LES HARMONIES ENCHANTÉES DES COULEURS ET DE DÉFI DES PERSPECTIVES.
DESSINATEUR, PASTELLISTE, AQUARELLISTE ASSIDU ET PASSIONNÉ, JEAN-JACQUES ORY N'ABANDONNE JAMAIS SES ALBUMS ET CARNETS DE CROQUIS QUI L'ACCOMPAGNENT PARTOUT ET NOTAMMENT DANS SES VOYAGES.
DANS SA MAISON DE RUEIL OU SON APPARTEMENT PARISIEN, ENTRE LES HEURES PASSÉES AU SOIN ET À LA CONTEMPLATION DE QUELQUES VOITURES DE COLLECTION CONSIDÉRÉES COMME DES ŒUVRES D'ART, IL S'INSTALLE DEVANT SON CHEVALET POUR RÉALISER DE GRANDES COMPOSITIONS AUX CHROMATISMES SAVANTS ET SUBTILS INSÉRÉS DANS DES TRACÉS GRAPHIQUES SOUS-JACENTS QUI CLASSENT CES ŒUVRES DANS LE CHAMP D'UNE ABSTRACTION LYRIQUE APAISÉE, APAISANTE ET LIBÉRATRICE.
COMME NOMBRE DE CRÉATEURS, JEAN-JACQUES ORY FAIT PREUVE D'UNE CERTAINE RÉSERVE À PARLER DE SON ŒUVRE DE PEINTRE, CETTE PUDEUR A POUR CONTREPOINT UNE GRANDE CURIOSITÉ VIS-A-VIS DES DIFFÉRENTS COURANTS DE LA CRÉATION CONTEMPORAINE, DANS LE DOMAINE DES ARTS PLASTIQUES NOTAMMENT.
IL VISITE D'AILLEURS FRÉQUEMMENT DES ATELIERS ET ENTRETIENT DES RELATIONS AMICALES AVEC DES ARTISTES TELS QUE LES SCULPTEURS DANIEL GRAFFIN, IGOR USTINOV, YVES DE LA TOUR-D'AUVERGNE, PHILOLAOS ET LE PEINTRE GUY-RACHEL GRATALOUP.

« J'AI CONSTATÉ MAINTES FOIS LE RÔLE CAPITAL QU'ONT JOUÉ DANS LE PASSÉ LA SCULPTURE, LA FRESQUE, LA MOSAÏQUE, LE VITRAIL, DANS L'ENRICHISSEMENT DE L'ESPACE ARCHITECTURAL. JE M'EFFORCE AUTANT QUE POSSIBLE DE RECONDUIRE CETTE DÉMARCHE "D'INTÉGRATION" DES ARTISTES SUR LAQUELLE ON A BEAUCOUP ÉPILOGUÉ ET BEAUCOUP ÉCRIT... CE N'EST PAS TOUJOURS POSSIBLE, FAUTE DE CRÉDITS, OU PARCE QUE L'ON SE HEURTE PARFOIS À L'INDIFFÉRENCE. C'EST SOUVENT RÉALISABLE. SOUVENT, LES MAÎTRES D'OUVRAGES AVEC LESQUELS JE TRAVAILLE EXPRIMENT CE DÉSIR DE PARTICIPATION D'UN OU PLUSIEURS ARTISTES À L'ŒUVRE COMMUNE. »

Recherche de structures pour un immeuble de la rue Balzac.

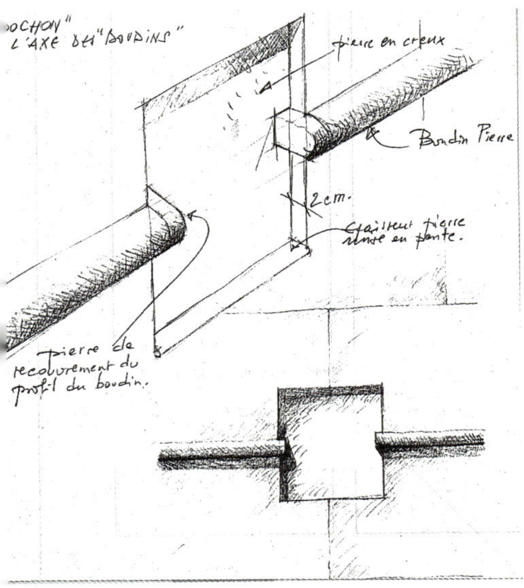

DANS LES PAGES SUIVANTES, JEAN-JACQUES ORY ÉVOQUE LES ÉTAPES ESSENTIELLES DE SA TRAJECTOIRE PROFESSIONNELLE. IL ANALYSE LES DIVERSES PHASES PAR LESQUELLES SONT PASSÉES LES CONDITIONS DE LA CRÉATION ARCHITECTURALE DEPUIS LES ANNÉES SOIXANTE, L'ÉVOLUTION RÉCENTE DES CONCEPTS D'URBANISME, D'ARCHITECTURE, D'ENVIRONNEMENT; IL ÉVOQUE AUSSI LES PARAMÈTRES QUI GUIDENT SA PROPRE CRÉATION, LES RÉFÉRENCES HISTORIQUES ET CULTURELLES AUXQUELLES IL SE RATTACHE.

MARC GAILLARD

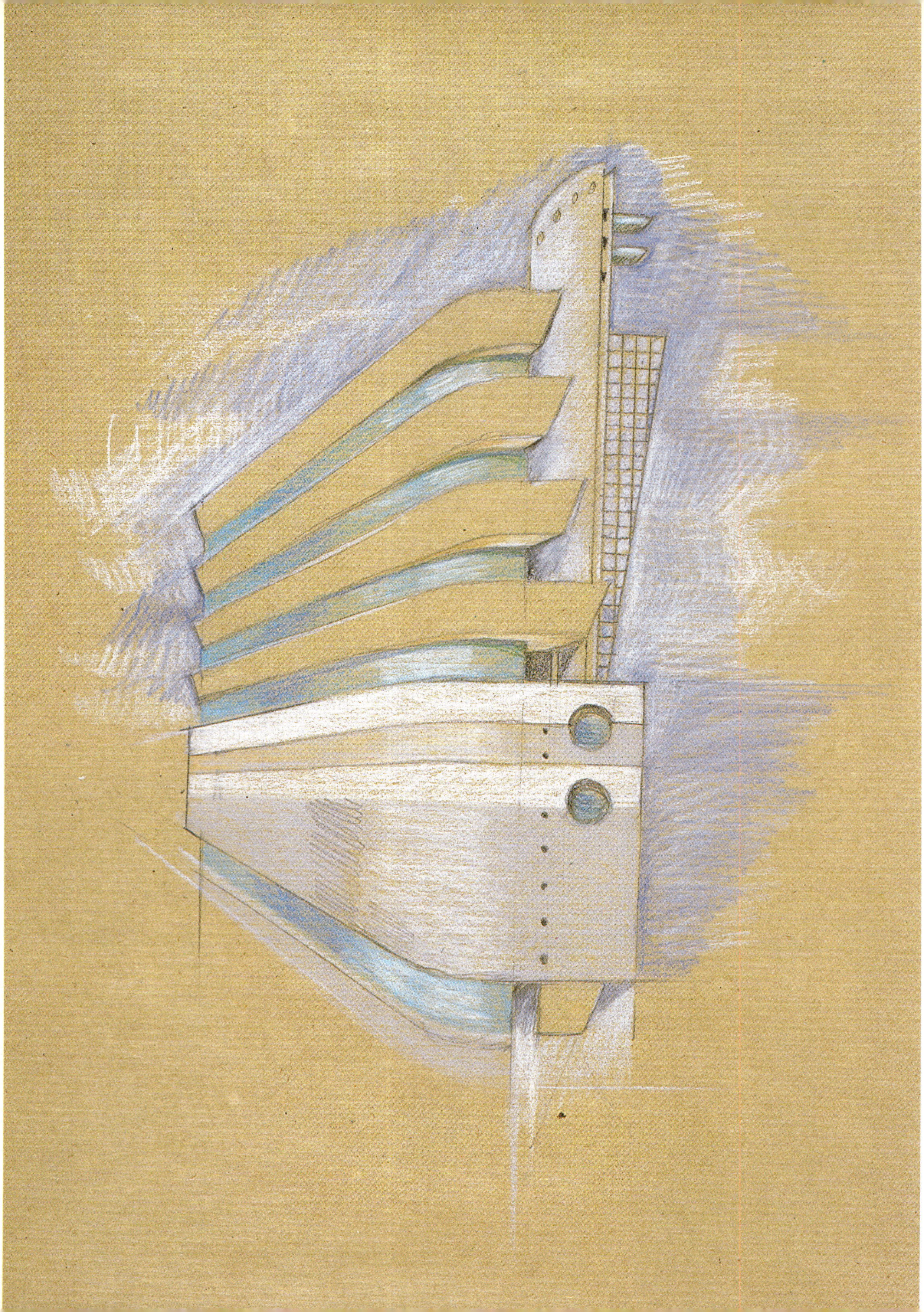

PATRIMOINE ET CRÉATION

“ DEPUIS ENVIRON UNE QUINZAINE D'ANNÉES, DEPUIS QUE J'AI CRÉÉ MON AGENCE ET ORGANISÉ MON ÉQUIPE, EN 1979, J'AI RESSENTI UN CHANGEMENT RADICAL DES MENTALITÉS DANS LE DOMAINE DE LA CRÉATION ARCHITECTURALE.

L'EXPOSITION, QUI EUT LIEU EN 1985 AU CENTRE GEORGES-POMPIDOU, ET QUI PRÉSENTAIT, SOUS LE TITRE “NOUVEAUX PLAISIRS D'ARCHITECTURE”, LES DIVERSES TENDANCES DE LA CRÉATION DEPUIS LES ANNÉES 1970, ILLUSTRAIT CE CHANGEMENT ET CETTE ÉVOLUTION VERS UNE TRÈS GRANDE LIBERTÉ.

L'INTITULÉ DE L'EXPOSITION ÉTAIT LUI-MÊME SIGNIFICATIF. ON PRÉSENTAIT LÀ LES RECHERCHES ET LES TRAVAUX DE TOUTE UNE GÉNÉRATION, EN EUROPE ET AUX ETATS-UNIS ; LE “POST-MODERNISME” Y ÉTAIT PLUS PARTICULIEREMENT REPRÉSENTÉ. SANS M'IDENTIFIER À CETTE TENDANCE, J'AVAIS NÉANMOINS APPRÉCIÉ CETTE LIBÉRATION EXTRAORDINAIRE DE LA CRÉATIVITÉ, L'APPARITION DE PERSONNALITÉS ET DE TALENTS, QUI S'EXPRIMENT DANS DES DIRECTIONS ET AVEC DES LANGAGES DIFFÉRENTS. CETTE PETITE RÉVOLUTION NE POUVAIT QUE RÉJOUIR CEUX QUI ATTENDAIENT DEPUIS LONGTEMPS UNE RÉACTION CONTRE LES DOGMES TROP PARALYSANTS DE L'ARCHITECTURE MODERNE.

DÈS 1961, LE GRAND ARCHITECTE AMÉRICAIN PHILIP JOHSON AVAIT RÉCLAMÉ CETTE LIBERTÉ ; DANS UN TEXTE EN FORME DE MANIFESTE, IL PROPOSAIT À SES CONFRÈRES DE SECOUER LE JOUG DES IDÉES REÇUES DE L'ÉPOQUE, IL DÉNONÇAIT LE NOUVEL ACADÉMISME IMPOSÉ PAR LES REPRÉSENTANTS DU MOUVEMENT MODERNE ; IL ENTREVOYAIT UN CHANGEMENT VERS UNE ARCHITECTURE “SANS RÈGLES TROP STRICTES NI CERTITUDES, QUI PUISSE DONNER LE SENTIMENT D'UNE LIBERTÉ MERVEILLEUSE”.

EN EFFET, LA VILLE DOIT, AUTANT QUE POSSIBLE, OFFRIR À L'INDIVIDU LA SURPRISE, LE CHARME, L'ÉTONNEMENT. JE CROIS QUE CE POINT DE VUE OUBLIÉ PAR TOUTE UNE GÉNÉRATION DE CONCEPTEURS EST À NOUVEAU LARGEMENT PARTAGÉ.

LA LOGIQUE DES TRAMES FONCTIONNELLES ÉTAIT LE CONTRAIRE D'UN URBANISME BIEN PENSÉ. CE FONCTIONNALISME À OUTRANCE N'ÉTAIT PAS FAIT POUR L'INDIVIDU QUI AIME L'IMPROVISATION, LA SURPRISE, LA FÉERIE DES LIEUX.

L'URBANISME DES DÉCENNIES 50-70, ET L'ARCHITECTURE QUI EN DÉCOULAIT, ONT ÉTÉ DES ÉCHECS COMPLETS POUR AVOIR VOULU, INTENTIONNELLEMENT, S'ÉLOIGNER DE CES PRINCIPES DE BASE.

Jean-Jacques Ory dans l'atelier du sculpteur Philolaos.

A PARIS, LES MEILLEURES INTENTIONS N'ONT FINALEMENT PRODUIT QUE LA MÉDIOCRITÉ COMME À BELLEVILLE PAR EXEMPLE ET DANS LE QUARTIER ITALIE. EN BANLIEUE ET EN PROVINCE CE FUT PIRE ENCORE.
DEPUIS UNE DÉCENNIE, CETTE TENDANCE S'EST INVERSÉE ET PEU À PEU LES VILLES REDEVIENNENT UNE SUITE D'ESPACES SURPRENANTS, INATTENDUS, AGRÉABLES ; ELLES RÉPONDENT MIEUX, DANS LEUR ORGANISATION ET LEUR FONCTIONNEMENT, AUX NOUVEAUX MODES DE VIE AUXQUELS ASPIRENT LES CONTEMPORAINS.
LES ARCHITECTES SE SONT EFFORCÉS DE NE PLUS ÊTRE LES COMPLICES, MÊME INVOLONTAIRES, DES ERREURS QUI CONDUISENT AUX MALAISES ET AUX DISFONCTIONNEMENTS DES QUARTIERS PÉRIPHÉRIQUES, DONT NOUS SOMMES QUOTIDIENNEMENT LES TÉMOINS, ET QUE NOUS REDOUTONS.
MES DÉBUTS D'ARCHITECTE INDÉPENDANT SE SITUENT DANS UNE PÉRIODE – LA FIN DES ANNÉES 70 – OÙ LES REMISES EN QUESTION ÉTAIENT MULTIPLES ; ELLES ÉTAIENT FONDÉES SUR UN MALAISE GÉNÉRAL. CES INTERROGATIONS INTELLECTUELLES ET MORALES PROFONDES ONT ÉTÉ LE PROPRE D'UNE GÉNÉRATION, QUI A RÉUSSI À INVERSER LE PROCESSUS DE DÉGRADATION DE LA CRÉATIVITÉ URBAINE ET ARCHITECTURALE. CELA S'EST TRADUIT PAR UNE VITALITÉ EXTRAORDINAIRE DANS L'INSPIRATION.

SAVOIR INTERPRÉTER LE PATRIMOINE

Un projet de Philolaos pour un immeuble à Boulogne.

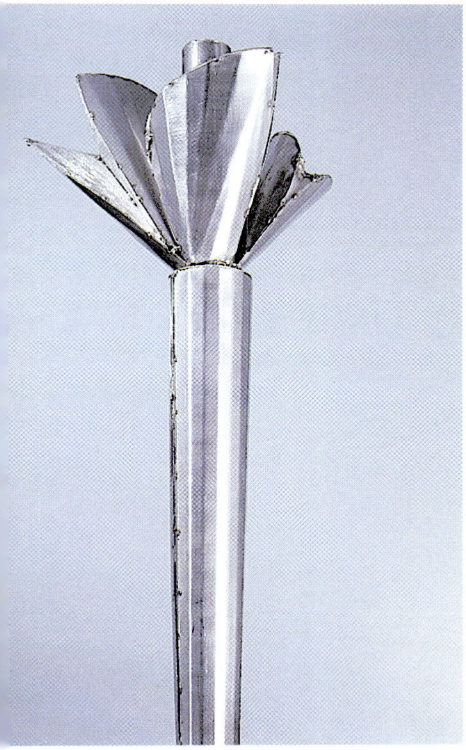

EN UTILISANT LA NOTATION, L'ANECDOTE, LE DÉCOR, L'INTERPRÉTATION HISTORIQUE, LES ARCHITECTES ONT ÉTÉ MIEUX COMPRIS PAR LE PUBLIC, QUI RETROUVAIT SES RÉFÉRENCES HISTORIQUES ET CULTURELLES. EN RÉALISANT L'IMMEUBLE DE LA SOCIÉTÉ “NOUVELLES FRONTIERES”, BOULEVARD DE GRENELLE, J'AI MOI-MÊME PRATIQUÉ LA NOTATION ARCHITECTURALE EN CONSERVANT UN CERTAIN NOMBRE D'ÉLÉMENTS RENVOYANT AU BÂTIMENT ANTÉRIEUR.
POUR TOUTE UNE GÉNÉRATION CEPENDANT, ET CECI DANS LE MONDE ENTIER, CETTE ATTITUDE, CETTE RECHERCHE DE LA RÉFÉRENCE URBAINE HISTORIQUE, NE SEMBLAIT PAS ADMISSIBLE.
L'HISTORIEN D'ARCHITECTURE, CHARLES JENCKS, A FAIT REMARQUER, DANS UN LIVRE PARU AU DÉBUT DES ANNÉES 1980, COMBIEN CE PHÉNOMÈNE FUT SPONTANÉ ET INTERNATIONAL. IL ÉCRIT NOTAMMENT : “LE CARACTÈRE INTELLECTUALISTE ET ABSTRAIT DE L'ARCHITECTURE MODERNE S'EST APPUYÉ SUR DES AXIOMES NON VÉRIFIÉS QUANT AUX PRÉTENDUS BESOINS DE L'HOMME QUI N'EXISTAIENT QUE DANS LA TÊTE DES ARCHITECTES. CEUX-CI SE SONT DE PLUS EN PLUS ÉLOIGNÉS DU CITADIN. L'APPROCHE QUANTITATIVE EXAGÉRÉMENT ANALYTIQUE DU PROBLÈME DE L'HABITAT A CONDUIT AU DIVORCE ENTRE LES CONCEPTEURS ET LES UTILISATEURS. PARLER DE

“MACHINE À HABITER”, C'ÉTAIT DÉJÀ ASSIMILER LA MAISON À UN PRODUIT DE CONSOMMATION D'UNE SOCIÉTÉ TECHNICISTE”. »

POUR LES ARCHITECTES FRANÇAIS COMME POUR LES AUTRES, ÊTRE MODERNE CONSISTAIT AVANT TOUT À SE DÉTOURNER DE L'HISTOIRE, CE QUI N'ALLAIT PAS SANS UNE CERTAINE INTOLÉRANCE. AINSI PAR EXEMPLE LORSQUE WALTER GROPIUS FUT DEVENU DOYEN DE L'UNIVERSITÉ D'HARWARD, IL FIT ENLEVER DE LA BIBLIOTHÈQUE DE LA SECTION “BEAUX-ARTS” TOUS LES OUVRAGES CONSACRÉS À L'ARCHITECTURE CLASSIQUE... EN FRANCE, L'INTOLÉRANCE CONSISTAIT À DÉNIGRER PLUS OU MOINS ADROITEMENT CEUX QUI VOULAIENT METTRE EN VALEUR LE GIGANTESQUE PATRIMOINE URBAIN DES SIÈCLES PASSÉS, OU QUI Y FAISAIENT RÉFÉRENCE, COMME CLAUDE CHARPENTIER À PARIS.

Etude pour un élément de façade, intégrant une ponctuation lumineuse par fibre optique.

POUR BEAUCOUP, Y COMPRIS CHEZ LES ENSEIGNANTS DE L'ÉCOLE DES BEAUX-ARTS, SOUVENT BONS PÉDAGOGUES, LA “MODERNITÉ” NE PARAISSAIT PAS POUVOIR S'ACCOMMODER DES HÉRITAGES DE L'HISTOIRE. LA POLITIQUE DE LA TABLE RASE, QUI CONDUISIT À TANT D'ACTES DE VANDALISME, TRIOMPHAIT. ELLE CONDUISAIT À REMPLACER UN PATRIMOINE PÉTRI DE QUALITÉS DANS CHACUN DE SES PLUS MODESTES DÉTAILS PAR UNE ACCUMULATION GIGANTESQUE DE BÂTIMENTS OPPRESSIFS.

PAR UNE AMUSANTE IRONIE DU SORT, NOUS LES DÉTRUISONS À NOTRE TOUR, AVEC UNE CERTAINE JUBILATION, LORSQUE NOUS NE PARVENONS PAS À LES AMÉLIORER PAR DES RÉNOVATIONS ET DES RECONSTRUCTIONS DES VOLUMES ET DES FAÇADES.

ÉVITER LA FRAGMENTATION DE LA VILLE

“LA DÉCADENCE DE LA CIVILISATION EST INSCRITE DANS LA DÉGÉNÉRESCENCE DU LOGIS” ÉCRIVAIT LE CORBUSIER, QUI AVAIT SOUVENT LE MOT JUSTE ET LA FORMULE PRÉMONITOIRE. MAIS HÉLAS SES MAUVAIS IMITATEURS AVAIENT RÉPANDU PARTOUT LA MÉDIOCRITÉ.

LA DÉCADENCE DE L'ARCHITECTURE ÉTAIT INSCRITE DANS LES UTOPIES DU FONCTIONNALISME ET DE L'HYGIÉNISME. SI LE CONFORT ET L'ESPACE S'EN TROUVÈRENT ACCRUS, LA LASSITUDE PROVOQUÉE PAR LA SÉCHERESSE VOLUMÉTRIQUE N'AVAIT PAS TARDÉ À SE MANIFESTER.

PENDANT TOUTE UNE GÉNÉRATION, LES DOGMES DU “MOUVEMENT MODERNE” RÉCLAMAIENT UNE RIGUEUR QUASI-CISTERCIENNE. PAR MALHEUR, CELA SE TRADUISAIT PAR LE MISÉRABILISME FORMEL DE LA CONCEPTION ET DE LA RÉALISATION ASSOCIÉ À LA DÉMESURE DES PROGRAMMES. LES MÊMES BÂTIMENTS STÉRÉOTYPÉS QUI N'ALLAIENT PAS TARDER À ENGENDRER L'ENNUI, LE REFUS, LA RÉVOLTE ET LA VIOLENCE, FURENT BIENTOT UNANIMEMENT REJETÉS.

LES SOCIOLOGUES ONT BIEN DES FOIS SOULIGNÉ COMBIEN LE CADRE DE VIE PROVOQUE DES CONTAGIONS MUETTES MAIS ACTIVES.
N'OUBLIONS PAS QUE PENDANT PLUS DE TRENTE ANS, UN PEU PARTOUT, L'URBANISME AVAIT ÉTÉ REMPLACÉ PAR LE "ZONING", AUTREMENT DIT PAR UNE CODIFICATION DE LA VILLE EN SECTEURS BIEN ORDONNÉS, ET SUPPOSÉS CONÇUS POUR AIDER LES HOMMES À MIEUX VIVRE. EN RÉALITÉ, CES THÉORIES, LES PLUS PERVERSES DE L'URBANISME MODERNE, ONT ENGENDRÉ LES MAUX DONT LA PRESSE SE FAIT L'ÉCHO DEPUIS DÉJÀ LONGTEMPS.

LA VILLE MODERNE ISSUE DU "ZONING" ÉTAIT UN ARTIFICE QUI, EN DÉCOMPOSANT ET EN ÉPARPILLANT LES ESPACES, LES RENDAIT PEU ATTRAYANTS, PEU RASSURANTS. CE QUI EST FAMILIER EST RASSURANT. IL FAUT QUE L'ARCHITECTURE PUISSE TRANSMETTRE DES MESSAGES MULTIPLES. CELA PARAÎT SIMPLE ET ÉVIDENT SI L'ON S'EN RAPPORTE À L'HISTOIRE. C'EST MOINS FACILE DANS LA RÉALITÉ. C'EST CE QUE NOUS NOUS EFFORÇONS D'OBTENIR AVEC PLUS OU MOINS DE BONHEUR SELON LES CAS.
CEPENDANT, JE NE VOUDRAIS PAS FAIRE LE PROCES EXCESSIF DE L'ARCHITECTURE MODERNE QUI N'A PAS PRODUIT, C'EST ÉVIDENT, QUE DES MONSTRUOSITÉS. IL EXISTE UN LYRISME DE L'ARCHITECTURE MODERNE, À CHICAGO, À NEW YORK, À BRASILIA, À HONG-KONG OU, PLUS PRÈS DE NOUS, À LA DÉFENSE. BIEN DES RÉALISATIONS IMPORTANTES OU MODESTES EN VOLUME TÉMOIGNENT AUSSI D'UNE BEAUTÉ FONCTIONNELLE ET FORMELLE RÉSULTANT BIEN SOUVENT DE L'UTILISATION BRILLANTE DES TECHNIQUES DE CONSTRUCTION D'AVANT-GARDE.
CETTE HARMONIE APPARAÎT PRESQUE TOUJOURS LORSQU'IL Y A ADÉQUATION DE LA FORME À LA FONCTION. NOUS AVONS TOUS EN MÉMOIRE, SOIT À TRAVERS NOS VOYAGES, SOIT À TRAVERS LES PUBLICATIONS INTERNATIONALES SPÉCIALISÉES, CES SUPERBES BÂTIMENTS QUI DÉMONTRENT LA PUISSANCE DE LA CRÉATIVITÉ, LA VITALITÉ DE NOTRE ÉPOQUE, QUI PROUVENT QUE LA MODERNITÉ A PRODUIT BIEN DES CHEFS-D'ŒUVRE LORSQU'ELLE A ÉTÉ UTILISÉE ET SERVIE PAR LE TALENT, LA SENSIBILITÉ, LA CULTURE.
TOUT EN ADMIRANT CES RÉALISATIONS ET EN M'EFFORÇANT D'ÊTRE DANS CET ESPRIT DE MODERNITÉ LORSQUE J'AI À CONCEVOIR ET À CONSTRUIRE, JE RESTE TRÈS ATTACHÉ À L'ANALYSE ET AU RESPECT DU PATRIMOINE PARISIEN, QUI A ÉTÉ CELUI SUR LEQUEL JE SUIS INTERVENU LE PLUS FRÉQUEMMENT AU COURS DES QUINZE ANNÉES PASSÉES.
IL Y A QUARANTE ANS, PARIS, COMME BIEN D'AUTRES, ÉTAIT UN PAYSAGE DE MESURE ET D'HARMONIE. DANS LES ANNÉES 60, IL A ÉTÉ LIVRÉ À LA CACOPHONIE. L'ILE-DE-FRANCE N'A PAS EU L'EXCLUSIVITÉ DE CES AVATARS. DANS LE RESTE DE LA FRANCE, LES

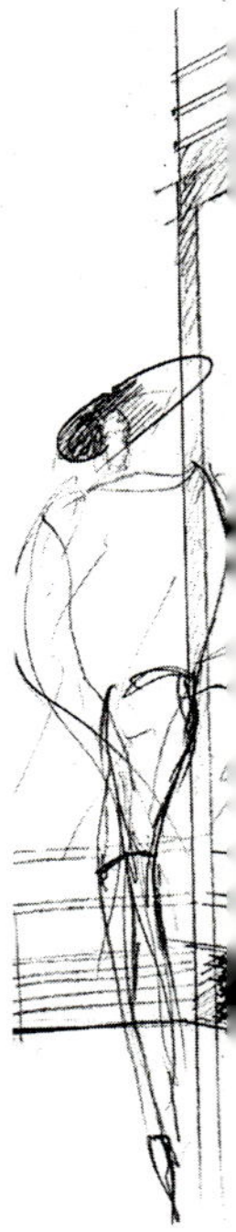

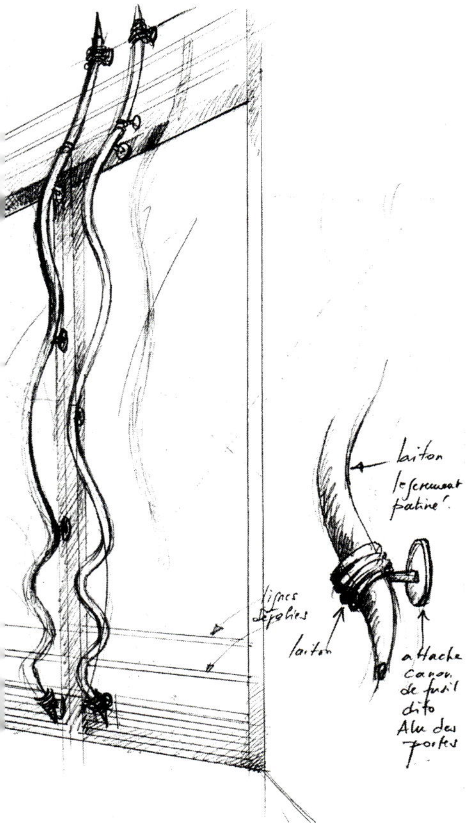

DÉCENNIES 50-80 ONT ÉGALEMENT ROMPU L'HARMONIE, DÉTRUIT LES ÉQUILIBRES, DÉSARTICULÉ LES PAYSAGES, CRÉÉ UN CHAOS MONSTRUEUX. DANS CERTAINES ZONES, COMME LES VILLES NOUVELLES, LES ÉCHANGEURS ET LES VOIES RAPIDES ONT DÉCOUPÉ L'ESPACE, ABOLI LES RELATIONS DE VOISINAGE, COMPLIQUÉ PARFOIS INUTILEMENT LES PARCOURS.

CE QUI N'ÉTAIT JADIS QU'UN AIMABLE DÉSORDRE DE PAVILLONS DE BANLIEUE – AUXQUELS LES ANALYSTES D'AUJOURD'HUI TROUVENT DES QUALITÉS DEPUIS QU'ILS SONT ENTRÉS DANS LE CHAMP DE L'ARCHITECTURE DITE "VERNACULAIRE"... – EST DEVENU UN AMAS DE VULGARITÉS URBANISTIQUES. C'EST DANS CE MAGMA QUE LES ARCHITECTES DE MA GÉNÉRATION TRAVAILLENT MAINTENANT POUR TÂCHER DE LUI REDONNER UN PEU DE COHÉRENCE.

L'URBANITÉ, SUPPORT DE LA CULTURE

PERSONNE N'EST JAMAIS RÉELLEMENT INDIFFÉRENT À SON ENVIRONNEMENT, MÊME SI CELA N'EST PAS EXPRIMÉ. L'ARCHITECTURE DU PASSÉ, SURTOUT DANS UNE VILLE IMMENSE ET DIVERSE COMME PARIS, TÉMOIGNE DES RÊVES DE NOS PRÉDÉCESSEURS. CES RÊVES PEUVENT ENCORE NOUS GUIDER AUJOURD'HUI SI, LORSQUE NOUS CONSTRUISONS, NOTRE PRÉOCCUPATION N'EST PAS SEULEMENT QUANTITATIVE ET TECHNICIENNE.

IL EST COURANT D'ENTENDRE DIRE QUE L'HOMME A BESOIN DE REPÈRES. L'ARCHITECTURE ME PARAÎT ÊTRE UN POINT D'APPUI FONDAMENTAL ; UNE CERTAINE PÉRENNITÉ S'Y OPPOSE AUX TRAUMATISMES D'UNE SOCIÉTÉ EN MOUVEMENT.

CEPENDANT J'AI CONSTATÉ, COMME CHACUN, LES RAVAGES DES THÉORIES SUCCESSIVES. SOUS DIFFÉRENTS PRÉTEXTES – ET SOUVENT DE BONNE FOI – LES AMÉNAGEURS SE SONT LIVRÉS À DES ESSAIS QUI SE VOULAIENT SCIENTIFIQUES. AINSI DANS LES "GRANDS ENSEMBLES" ET LES "VILLES NOUVELLES", ILS ONT SOUMIS DES MILLIONS D'INDIVIDUS À LA CONTRAINTE TECHNOCRATIQUE. ILS ONT REMPLACÉ LE FOISONNEMENT BIOLOGIQUE LENT, MAIS CONSTANT, QUI ÉTAIT LE PROCESSUS DE FORMATION DES VILLES DE JADIS, PAR UNE CROISSANCE TECHNICISTE ET ACCÉLÉRÉE. CES THÉORIES, ISSUES PEUT-ÊTRE DE BONNES INTENTIONS, ONT JUXTAPOSÉ LES COMPOSANTS DE LA VILLE PLUS QU'ELLES NE LES ONT COMBINÉS ET HARMONISÉS. MALGRÉ L'ÉVOLUTION DES ESPRITS, IL FAUDRA BEAUCOUP DE TEMPS POUR CORRIGER TOUTES CES ERREURS. J'AI PARTICULIÈREMENT REMARQUÉ UN PASSAGE QUI ME SEMBLE IMPORTANT DANS LE LIVRE DE JACQUES RIGOUD, "LA CULTURE POUR VIVRE" :

« QU'IL SOIT MONUMENTAL OU FAMILIER, AU SERVICE DE L'UTILITÉ, DE LA FÊTE, OU DU RÊVE, LE CADRE DE VIE EST UN ENSEMBLE DE SIGNES, LE MIROIR D'UNE SOCIÉTÉ, QUI

Le souci de l'esthétique industrielle et du détail conduit l'architecte à concevoir tous les composants de ses bâtiments.

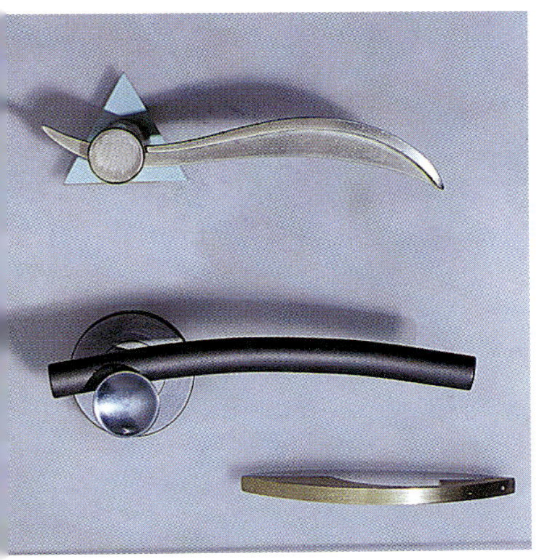

Pendant une dizaine d'années la rénovation des «grands paquebots» immobiliers parisiens a été la préoccupation de l'Agence Ory.

RENVOIE SON IMAGE À CHACUN DES ÊTRES QUI LA COMPOSENT. ELLE EXPRIME AINSI SES FINALITÉS PROFONDES. SI LES CRITÈRES DU COÛT ET DU RENDEMENT L'EMPORTENT SYSTÉMATIQUEMENT SUR DES CONSIDÉRATIONS DE QUALITÉ ET DE BONHEUR, OU SI CES DERNIÈRES NE SONT ADMISES QU'À TITRE SUBALTERNE ET DÉCORATIF, LA CULTURE EST DÉFINITIVEMENT COMPROMISE DANS L'ESPRIT DES HOMMES, ET ON NE SAURAIT S'ÉTONNER QU'ILS LUI SOIENT INDIFFÉRENTS. SI, À L'INVERSE, UNE SOCIÉTÉ SAIT SUBORDONNER LES UTILITÉS MATÉRIELLES À UNE CERTAINE QUALITÉ DU CADRE DE VIE, LA VOIE DU PROGRÈS RESTE OUVERTE PUISQUE LA CULTURE SE VOIT RECONNAÎTRE AINSI, AU SENS PROPRE DU TERME, DROIT DE CITÉ. »

JE CROIS AUSSI QUE PARMI LES COMPOSANTS DE LA VILLE QUI, TRADITIONNELLEMENT, PARTICIPAIENT À LA FANTAISIE ET PARVENAIENT À CRÉER DES PAYSAGES ATTRAYANTS, DES SURPRISES AGRÉABLES OU AMUSANTES, GRÂCE AUXQUELLES ON ÉVITE L'ENNUI, DES BÂTIMENTS QUI TIENNENT EN ÉCHEC LA MOROSITÉ, INVITENT À LA COURTOISIE, À LA BONNE HUMEUR, À LA CONVIVIALITÉ. A CE TITRE, ET SANS TOMBER DANS LES EXCÈS OÙ L'ANECDOTE SERAIT TROP PRÉSENTE, JE CROIS EN LA VALEUR URBAINE DE L'ORNEMENT.

COMME LE SOULIGNAIT NAGUÈRE LE GRAND ARCHITECTE AMÉRICAIN FRANCK LLYOD-WRIGHT : *"PARTIE INTÉGRANTE DE L'ARCHITECTURE, L'ORNEMENT EST À LA CONSTRUCTION CE QUE LA FLORAISON D'UN ARBRE OU D'UNE PLANTE EST À LA STRUCTURE. IL EST ISSU ET NON SURAJOUTÉ. EMOTIONNEL PAR ESSENCE, S'IL EST CORRECTEMENT CONÇU, L'ORNEMENT EST NON SEULEMENT LA POÉSIE MAIS AUSSI LE CARACTÈRE DE LA STRUCTURE RÉVÉLÉ ET RETROUVÉ".*

IL NOUS EST FACILE, BIEN SÛR, DE CONSERVER CETTE ORNEMENTATION, QUI FAIT UNE GRANDE PART DE LA QUALITÉ DES IMMEUBLES ANCIENS ET DE NOUS INSPIRER DE CE PRINCIPE POUR NOS BÂTIMENTS NOUVEAUX EN LES INTERPRÉTANT DANS UN LANGAGE APPROPRIÉ.

DANS LA PLUPART DES RÉALISATIONS QUE NOUS AVONS CONDUITES À PARIS ET EN ÎLE-DE-FRANCE, NOUS AVONS CONSERVÉ LES FAÇADES ANCIENNES. AUJOURD'HUI, NOUS ALLONS PLUS LOIN, ET NOUS NOUS EFFORÇONS DE RÉUTILISER LES HALLS, LES CAGES D'ESCALIER DE CES SUPERBES CONSTRUCTIONS D'ÉPOQUE NAPOLÉON III OU DE LA FIN DU XIXE SIÈCLE.

IL NOUS ARRIVE AUSSI DE DÉMONTER, POUR DES RAISONS DE COMMODITÉ DE CHANTIERS, TOUT OU PARTIE DES FAÇADES ANCIENNES ET DE LES RÉÉDIFIER PAR LA SUITE EN LES INTÉGRANT ÉVENTUELLEMENT À DES ARCHITECTURES NOUVELLES, COMME CELA A EU LIEU EN 1993-94 POUR DEUX HÔTELS PARTICULIERS CONTIGUS DE L'AVENUE DE MESSINE. JE M'EFFORCE DE CONVAINCRE MES INTERLOCUTEURS MAÎTRES D'OUVRAGE DE LA NÉCESSITÉ DE SAUVEGARDER LES ÉLÉMENTS DES DÉCORS INTÉRIEURS

Jean-Jacques Ory dans son bureau de la rue Jasmin.

QUI PEUVENT L'ÊTRE. CES ÉLÉMENTS TÉMOIGNENT D'UNE MAGNIFICENCE DÉCORATIVE EXTRÊME, QUI PROCÈDE ELLE-MÊME D'UN SAVOIR-FAIRE QUE NOUS NE POURRONS PLUS RETROUVER. IL CARACTÉRISE TOUS LES MÉTIERS DU BÂTIMENT À PARIS AU XIXE SIÈCLE. TOUT Y EST CHEF-D'ŒUVRE, ON NE LE DIT PAS ASSEZ PARCE QU'ON NE L'ANALYSE PAS. LORSQUE NOUS ÉTUDIONS LA TRANSFORMATION DE CES IMMEUBLES, NOUS EN DESSINONS TOUS LES DÉTAILS, ET NOUS AVONS PARFAITEMENT CONSCIENCE DE CE FABULEUX PATRIMOINE DONT LA RICHESSE ET LA VARIÉTÉ S'EXPRIMENT PARTOUT, DANS LA SCULPTURE DES FAÇADES, LES FERRONNERIES, LES PORTAILS, LES PORCHES, AUSSI BIEN QUE LES FENÊTRES, LES HALLS, LES ESCALIERS, LES ASCENSEURS.

CRÉER SANS DÉTRUIRE, UN STIMULANT POUR L'IMAGINATION

IL FAUT À TOUT PRIX ÉVITER DE BRADER CETTE RICHESSE MONUMENTALE. JE SUIS TRÈS ATTENTIF À CET ASPECT DE NOTRE RESPONSABILITÉ, ET CECI DEPUIS NOS PREMIERS GRANDS CHANTIERS.

DANS CES INTERVENTIONS ET RÉHABILITATIONS, BIEN QUE NOTRE TRAVAIL SOIT LONG, PARFOIS DIFFICILE, IL EST TOUJOURS PASSIONNANT, CAR AUCUN PROGRAMME NE RESSEMBLE AU PRÉCÉDENT. BIEN SÛR, NOUS SOMMES LE PLUS SOUVENT CONTRAINTS À LA DISCRÉTION ET À L'ANONYMAT, CE QUE NOUS FAISONS NE SE VOIT PAS, DU MOINS DE L'EXTÉRIEUR ET EN PREMIÈRE ANALYSE. AINSI EN EST-IL D'IMMEUBLES COMME CELUI DE LA PLACE D'IÉNA (GÉNÉRALE DE FONDERIE), DU CENTRE D'AFFAIRES KLÉBER-TROCADÉRO (EX-SOCIÉTÉ GÉNÉRALE), LE VICTORIEN, RUE DE PROVENCE, DE L'EX-IMMEUBLE “FRANCE-SOIR” RUE RÉAUMUR, OU ENCORE DE L'ANCIENNE “CHASE-MANHATTAN BANK”, RUE CAMBON, DEVENU L'IMMEUBLE DES AGENTS DE CHANGE PLACE DE LA BOURSE.

IL Y A VINGT ANS SEULEMENT, CETTE DISCRÉTION EUT PARU INSUPPORTABLE À UN GRAND NOMBRE D'ARCHITECTES QUI N'AURAIENT PAS ADMIS DE RÉNOVER OU DE RECONSTRUIRE UN IMMEUBLE EN CONSERVANT SON APPARENCE ANTÉRIEURE ET ORIGINALE. AINSI, DANS LES ANNÉES 70, LA RECONSTRUCTION DE L'IMMEUBLE PUBLICIS AUX CHAMPS-ELYSÉES – EX-PALACE “ASTORIA” – FIT DISPARAÎTRE L'ÉDIFICE PRÉCÉDENT, POURTANT SUPERBE.

PARTOUT DANS PARIS À CETTE ÉPOQUE, ET AU COURS DES DEUX DÉCENNIES PRÉCÉDENTES, LES ARCHITECTES SE LIVRAIENT, AVEC LA BIENVEILLANCE DES ADMINISTRATIONS ET DES COMMISSIONS DIVERSES, AVEC LA COMPLICITÉ DES MAÎTRES D'OUVRAGES, TANT PUBLICS QUE PRIVÉS, À UNE LONGUE SUITE D'ACTES DE VANDALISME.

IL EST VRAI QU'À LEURS YEUX LE PATRIMOINE ARCHITECTURALE DU XIXE SIÈCLE N'AVAIT AUCUNE VALEUR. IL FAUT SANS DOUTE CHERCHER LES RAISONS DE CE

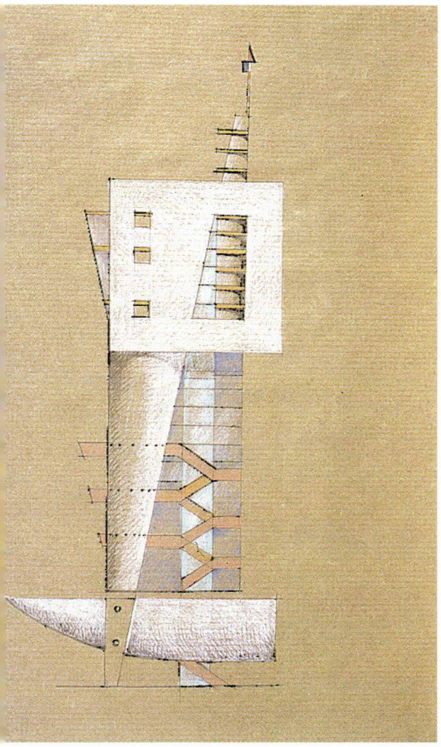

MANQUE DE SENSIBILITÉ, DE CET ÉTRANGE AVEUGLEMENT, TANT DANS UNE FORME D'INCULTURE QUE DANS LA CRAINTE DE PASSER POUR ANACHRONIQUE, DANS UN CONTEXTE OU LA "MODERNITÉ" SEULE ÉTAIT ADMISE.

AUJOURD'HUI LES ARCHITECTES N'ONT PLUS DE CES COMPLEXES RÉDUCTEURS, ET LA COHABITATION D'ARCHITECTURES D'ÉPOQUES ET D'EXPRESSION DIFFÉRENTES EST UNE NÉCESSITÉ, SI L'ON VEUT CONSERVER SANS COPIER ET CRÉER SANS DÉTRUIRE.

LE RESPECT DU PASSÉ, SOURCE D'INSPIRATION

DANS UN TRÈS GRAND NOMBRE DE RÉALISATIONS RÉCENTES, NOUS AVONS ÉTÉ CONDUITS À JUXTAPOSER DEUX ARCHITECTURES : CELLE DES BÂTIMENTS ANCIENS, DONT LES FAÇADES ASSURENT LA CONTINUITÉ URBAINE, ET CELLE DES ESPACES INTÉRIEURS QUE NOUS RÉÉDIFIONS. CES DEUX ÉCRITURES, EN APPARENCE ANTIMONIQUES, CE DILEMME DE LA JUXTAPOSITION DE STYLES ET DE CONCEPTS D'ÉPOQUES DIFFÉRENTES, AVAIENT REBUTÉ LES ARCHITECTES DES PRÉCÉDENTES GÉNÉRATIONS. ILS NE SONT PLUS UN PROBLÈME ET NOUS FAISONS DE CES CONTRAINTES UN TREMPLIN POUR NOTRE IMAGINATION.

RIEN NE S'OPPOSE À LA COHABITATION DE PLUSIEURS STYLES, DE PLUSIEURS ÉCRITURES ARCHITECTURALES. C'EST LE CAS DE L'IMMEUBLE "BALZAC-SAINT-HONORÉ", OÙ NOUS AVONS CONSERVÉ LA FAÇADE SUR LA RUE BERTHIE-ALBRECHT, ÉDIFIÉ UNE FAÇADE NOUVELLE EN PIERRE SUR LA RUE BALZAC, ET DES FAÇADES DE VERRE ET D'ACIER AVEC DES BRISE-SOLEIL, DES PASSERELLES ET DES STRUCTURES EN ALUMINIUM SUR LES COURS ET LES PATIOS. CES BÂTIMENTS À MULTIPLES APPARENCES TENDENT D'AILLEURS À DEVENIR COURANTS.

AU COURS DES DIX DERNIERES ANNÉES, NOUS SOMMES INTERVENUS SURTOUT DANS DES IMMEUBLES CLASSIQUES OU NÉO-CLASSIQUES, LE PLUS SOUVENT CONSTRUITS SOUS LE SECOND EMPIRE, À LA BELLE EPOQUE, OU ENCORE DANS LES ANNÉES 30. NOUS LES RECONSTRUISONS À PEU PRÈS TOTALEMENT À L'INTÉRIEUR, AFIN DE LES ADAPTER AUX ÉQUIPEMENTS DE CONFORT ET AUTRES QUE L'ON EXIGE AUJOURD'HUI D'UN IMMEUBLE DE BUREAUX.

A TRAVERS LA RÉALISATION DE NOMBREUX GRANDS CHANTIERS, DONT QUELQUES-UNS SONT PRÉSENTÉS DANS LES PAGES DE CE LIVRE, NOUS AVONS CONSCIENCE D'AVOIR PARTICIPÉ À D'AUTHENTIQUES RESTRUCTURATION URBAINES.

ATTIRER L'ATTENTION SUR LES VALEURS PLASTIQUES, SPATIALES, DÉCORATIVES, D'IMMEUBLES OU DE BÂTIMENTS INDUSTRIELS CONSIDÉRÉS COMME BANALS A ÉTÉ AUSSI LE COMBAT DE QUELQUES PRÉCURSEURS COMME MES CONFRÈRES REICHEN ET ROBERT, ALAIN SARFATI ET QUELQUES AUTRES QUI, DÈS LE DÉBUT DES ANNÉES 80,

CONSTRUIT DES SALLES DE COURS, UN AMPHITHÉÂTRE, UN ENSEMBLE DE VOLUMES FONCTIONNELS D'EXPRESSION PUREMENT CONTEMPORAINE, EST PEUT-ÊTRE L'UN DES EXEMPLES LES PLUS ABOUTIS DE NOTRE PARTICIPATION À L'ÉVOLUTION D'UNE CULTURE ARCHITECTURALE, ASSOCIANT SANS CONFLITS NI ANTINOMIES ESTHÉTIQUES LES EXPRESSIONS PLASTIQUES DE DEUX ÉPOQUES ET PROCÈDANT D'UN REGARD SANS COMPLEXES, MAIS SANS PRÉTENTION SUR LE PATRIMOINE ANCIEN ET SA RÉUTILISATION.

NOUS AVONS UTILISÉ UNE DÉMARCHE ANALOGUE DANS LA RÉNOVATION-RECONSTRUCTION DE CE QUE J'APPELLE "LES GRANDS PAQUEBOTS PARISIENS", CES VASTES IMMEUBLES DE BUREAUX QUE NOUS AVONS RECONSTRUITS, COMME LA "SOCIÉTÉ GÉNÉRALE", AVENUE KLÉBER, "LES TROIS QUARTIERS", "FRANCE-SOIR", "LE VICTORIEN", LE CENTRE D'AFFAIRES "MATIGNON", L'EX-CHASE MANHATTAN BANK, L'IMMEUBLE SHELL, L'IMMEUBLE PÉCHINEY RUE BALZAC, ETC. CES VASTES BÂTIMENTS INTÈGRENT UNE DIMENSION URBAINE NOUVELLE À TRAVERS LA PÉRENNITÉ RÉVÉLÉE DE LEURS FAÇADES ET SURTOUT PAR LEURS TRANSPARENCES, PAR LA PRÉSENCE DE PATIOS, DE COURS, DE PASSAGES QUI LES FONT PARTICIPER ÉTROITEMENT À LA QUALITÉ URBAINE DE QUARTIER.

CES ESPACES INTÉRIEURS PRIVÉS OU SEMI-PUBLICS SONT AUSSI DES LIEUX DE CONVERGENCE ET D'IDENTIFICATION POUR LES ENTREPRISES QUI LES OCCUPENT.

CE QUI VAUT ÉGALEMENT POUR LES RÉALISATIONS "EX NIHILO" QUE NOUS AVONS ÉTUDIÉES COMME L'ENSEMBLE "LE RECTANGLE" À ROISSY.

LE RÉEMPLOI DES BÂTIMENTS, QUELLE QUE SOIT LEUR ÉPOQUE, AU-DELÀ DU PROBLÈME DE COHÉRENCE URBAINE HISTORIQUE, EST UNE NÉCESSITÉ ÉCONOMIQUE QUI A POUR COROLLAIRE UN SAVOIR-FAIRE ARCHITECTURAL NOUVEAU, MAINTENANT BIEN ACQUIS PAR MON ÉQUIPE. C'EST POURQUOI NOUS SOMMES TRÈS SOUVENT CONSULTÉS, NE SERAIT-CE QU'À TITRE DE CONSEIL, DÈS QU'IL S'AGIT D'ÉTUDIER UNE RECONVERSION-RÉNOVATION, IMPORTANTE OU MODESTE.

AUJOURD'HUI, DEVANT LES DIFFICULTÉS, LA CRISE QUE CONNAISSENT LES BUREAUX ET, DANS UNE MOINDRE MESURE, L'IMMOBILIER D'ENTREPRISE, CERTAINS GRANDS PROPRIÉTAIRES INSTITUTIONNELS, LES COMPAGNIES D'ASSURANCES, LES GROUPES BANCAIRES, MAIS AUSSI DES PROPRIÉTAIRES PRIVÉS, ENVISAGENT LE RETOUR DES IMMEUBLES NÉO-CLASSIQUES À L'HABITATION. C'EST UNE IDÉE PLAISANTE POUR L'ESPRIT, CAR CES IMMEUBLES SONT SOUVENT LES PLUS SOMPTUEUX ET LES MIEUX SITUÉS DE PARIS. MAIS CELA POSE UN PROBLÈME, POUR L'INSTANT NON RÉSOLU, DES NIVEAUX DE PRIX DE LOCATION, LES COÛTS DE RÉHABILITATION POUVANT SE CANTONNER DANS DES LIMITES RAISONNABLES. JE CROIS PERSONNELLEMENT BEAUCOUP À UNE ÉVOLUTION, LENTE MAIS INÉLUCTABLE, DANS CE SENS ; J'AI ÉTÉ D'AILLEURS L'UN DES

Mars 92
FORUM SEINE
DÉTAIL COURONNEMENT

PREMIERS ARCHITECTES À PROPOSER CETTE ALTERNATIVE, ET NOUS RÉALISONS EN 1994 UN CERTAIN NOMBRE DE CHANTIERS DANS CE DOMAINE.

D'AUTRES FORMES DE RÉHABILITATION APPARAISSENT, AUSSI NÉCESSAIRES, À SAVOIR LA RECOMPOSITION D'IMMEUBLES CONSTRUITS DANS LES ANNÉES 1960-70, À UNE ÉPOQUE OÙ TRIOMPHAIT LE MINIMALISME FORMEL ET OÙ L'ON CONFONDAIT LA RIGUEUR AVEC L'INDIGENCE DE L'INSPIRATION. NOUS AVONS ENTREPRIS EN 1993 PLUSIEURS ÉTUDES DANS CE SENS, POUR DES IMMEUBLES PARISIENS, DANS LES 12E, 14E ET 16E ARRONDISSEMENTS OU ENCORE AVENUE CHARLES-DE-GAULLE À NEUILLY.

NOUS NE SOMMES PAS MÉCONTENTS DE PARTICIPER AU GOMMAGE DE CES ERREURS ARCHITECTURALES.

C'EST AUJOURD'HUI UNE ATTITUDE TRÈS FRÉQUENTE DANS CE DOMAINE. IL Y A EN FRANCE UNE QUANTITÉ DE JEUNES ARCHITECTES IMAGINATIFS, ILS SONT EN TRAIN DE FAIRE OUBLIER, JE CROIS, CE QUE LA GÉNÉRATION PRÉCÉDENTE AVAIT ÉDIFIÉ DE PLUS INDIGENT, ET QU'IL NE RESTE PLUS QU'À DÉTRUIRE... JE CONSTATE AVEC UN RÉEL PLAISIR ET UNE INTIME SATISFACTION QUE LES HOMMES DE MA GÉNÉRATION MULTIPLIENT DÉSORMAIS PARTOUT LES CONSTRUCTIONS DE QUALITÉ.

CE QUE J'APPRÉCIE LE MOINS DANS L'ARCHITECTURE ACTUELLE, CEPENDANT CRÉATIVE, C'EST LE SENTIMENT DE L'ÉPHÉMÈRE QU'ELLE TRADUIT PARFOIS. JE RESSENS NOTAMMENT CETTE IMPRESSION DEVANT UN BÂTIMENT COMME BEAUBOURG, SANS DOUTE À CAUSE DE SON DÉFAUT D'ENTRETIEN, MAIS AUSSI DEVANT LE PAVILLON FRANÇAIS DE L'EXPOSITION UNIVERSELLE DE SÉVILLE. MAIS IL EST VRAI QUE C'ÉTAIT LÀ, EN EFFET, UNE CONSTRUCTION PROVISOIRE...

JE RESTE PERSUADÉ QUE L'ARCHITECTURE DOIT DONNER LE SENTIMENT DE LA PÉRENNITÉ, DANS LA DIVERSITÉ DE L'INSPIRATION ET DE LA FORME.

Un immeuble de bureaux à Paris. Clin d'œil à l'architecture de Franck Lloyd Wright.

CHOISIR LA COHÉRENCE POUR ÉVITER L'AGRESSIVITÉ ARCHITECTURALE

EN MATIÈRE DE FAÇADES ET D'INSERTION DANS LE PAYSAGE, IL N'Y A PAS DE RÈGLES, TOUT EST UNE QUESTION DE SENSIBILITÉ, ET L'ON PEUT AUSSI FACILEMENT RÉFUTER QUE JUSTIFIER UN PARTI. CEPENDANT, ET CONTRAIREMENT À CE QUI SE FAISAIT DANS LES ANNÉES 60, OÙ LES ARCHITECTES NE SE GÊNAIENT PAS POUR IMPOSER DES SOLUTIONS PLASTIQUES ANTINOMIQUES À L'ESPRIT D'UNE RUE OU D'UN QUARTIER, NOUS SOMMES PLUS ATTENTIFS, NOUS NOUS EFFORÇONS D'ANALYSER TOUTES LES RAISONS POUR LESQUELLES TELLE SOLUTION EST PRÉFÉRABLE À TELLE AUTRE.

AINSI, PAR EXEMPLE, NOUS AVONS EU À ÉDIFIER EN 1992-93 UN PETIT IMMEUBLE, 50, RUE DU FAUBOURG SAINT-HONORÉ, SUR UNE PARCELLE PEU IMPORTANTE. APRÈS

Réflexion, il est apparu qu'une façade en pierre de taille s'imposait entre des immeubles du milieu du XIXe siècle, et face aux grands hôtels classiques qui se trouvaient de l'autre côté de la rue. Cela ne nous a pas empêchés de trouver, pour cette façade, une écriture actuelle, pour les fenêtres, l'entrée principale, les balcons, les détails de l'appareillage en pierre claire, etc. Pourquoi vouloir violenter la rue et l'environnement par un geste architectural agressif, si l'on peut faire autrement.

Le contenu constitue cependant l'essentiel du volume architectural. Imaginer les espaces du dedans est un point capital. Un même édifice peut avoir plusieurs écritures architecturales selon ses orientations et ses relations de voisinage. Il peut avoir plusieurs vies au gré des rénovations. Si l'on se réfère au passé, on constate qu'il y a toujours dans les constructions des façades monumentales ou non, austères ou décorés, selon l'image que le bâtisseur a voulu donner. On accuse ainsi le contraste entre l'espace de la rue et celui du dedans qui est celui de l'intimité et du calme.

Notre démarche n'est donc pas seulement la recherche de la nouveauté formelle mais la réflexion à partir d'une "pratique" existant depuis des siècles qui, avec une infinie variété de formes, de matériaux, dans des conditions économiques et politiques multiples, sur des critères esthétiques et décoratifs changeants, a fait la richesse du patrimoine architectural parisien.

Cette pratique s'est perpétuée jusqu'à l'époque néo-classique du XIXe siecle et même jusqu'au premier tiers du XXe siècle.

Aujourd'hui, la plupart des architectes se préoccupent à nouveau des relations d'échelle et de voisinage. Mais ces critères, dont on redécouvre maintenant toute la pertinence, ont été tres longtemps considérés comme des concepts dépassés...

Sans prétendre à une quelconque exclusivité, nous nous efforçons de revenir à ces notions d'échelle et de dialogue entre les bâtiments qui composent une ville à cette pluralité d'aspects, d'images qui expriment des espaces et des fonctions différentes et créent l'urbanité.

Si l'architecture des années 60, celle des HLM, des ZUP, des ZAC a une si mauvaise apparence et une si mauvaise image dans l'esprit du public, c'est parce qu'elle a été une architecture parachutée sans aucune relation ni avec l'environnement ni avec ce que les hommes avaient l'habitude de prendre en référence et qui les rassurait.

Jean-Jacques Ory et quelques étudiants à l'entrée de l'Ecole des Beaux-Arts rue Bonaparte.

HEUREUSEMENT, DEPUIS UNE VINGTAINE D'ANNÉES, UNE CRÉATION PLUS RÉFLÉCHIE, PLUS COHÉRENTE, EST VENUE SE SUBSTITUER À CETTE FORME DE BRUTALITÉ. NOUS AVONS À CŒUR DE PARTICIPER À CETTE MUTATION, DANS TOUS LES TYPES DE PROGRAMMES QUI NOUS SONT CONFIÉS.

POUR DÉFINIR LE PARTI D'UN BÂTIMENT, IL FAUT D'ABORD CONSIDÉRER LE RAPPORT DES PLANS ET DES VIDES DU CONSTRUIT ET DU NON CONSTRUIT, CAR ILS FONT L'HARMONIE D'UN QUARTIER. IL FAUT EXAMINER SUCCESSIVEMENT TOUTES LES FACES, TOUS LES ASPECTS DE LEUR COHABITATION AVEC LE VOISINAGE. ON NE FAIT PAS UNE ARCHITECTURE DE FAÇADES MAIS UNE ARCHITECTURE DE VOLUMES. CES VOLUMES S'IMBRIQUENT ET DIALOGUENT LES UNS AVEC LES AUTRES, ONT UNE RELATION D'ESPACE ET DE PROPORTION SELON LEUR HAUTEUR, LEUR ÉLOIGNEMENT, LEURS COULEURS. UNE RUE, UN JARDIN, UNE PLACE, UN PATIO, DONNENT DES LUMIÈRES, DES ESPACES, DES SENSATIONS INFINIMENT DIFFÉRENTS ET VARIÉS ; CHAQUE FAÇADE DOIT TROUVER SA RELATION AVEC CELLES QUI SONT PROCHES. TOUTES CES CONTRAINTES ET CES PRÉOCCUPATIONS NE DOIVENT PAS NOUS QUITTER LORSQUE NOUS ÉLABORONS UN PROJET ET QUEL QUE SOIT LE PROGRAMME.

MAIS JE TROUVE AUSSI DES SOURCES D'INSPIRATION DANS L'OBSERVATION DE LA RUE, DANS L'ÉMOTION QUE JE RESSENS DEVANT LES LIEUX. A PARTIR DE LÀ, JE LAISSE ALLER MON IMAGINATION EN FONCTION DE MA SENSIBILITÉ ET JE DESSINE BEAUCOUP. J'AI PEUT-ÊTRE UNE APPROCHE PLUS SENSIBLE QUE SAVANTE DE L'ARCHITECTURE. CETTE APPROCHE PATIENTE, CE SOUCI DE FAIRE ET DE BIEN FAIRE FONT PARTIE DE LA MISSION INTEMPORELLE DE TOUT CRÉATEUR, ET SINGULIÈREMENT CELLE DE L'ARCHITECTE.

A TRAVERS DES ACTIVITÉS ET DES INTERLOCUTEURS MULTIPLES ET TRÈS DIFFÉRENTS, JE CONSTATE QUE L'ARCHITECTURE, AUJOURD'HUI, NE SE RÉCLAME D'AUCUNE EXCLUSIVITÉ, D'AUCUN MOT D'ORDRE FORMALISTE OU RÉDUCTEUR, ET JE M'EN RÉJOUIS. ELLE PROPOSE DES CONJONCTIONS AUDACIEUSES. ELLE ADMET ET ASSIMILE LES CONTRADICTIONS D'UNE RÉALITÉ COMPLEXE... QUELLES QUE SOIENT LES DIVERGENCES ET LES TENDANCES, LES HOMMES DE MA GÉNÉRATION ASSOCIENT LEURS EFFORTS POUR QUE LEURS BÂTIMENTS SOIENT À NOUVEAU CONÇUS AVEC UNE EXPRESSION VOLUMÉTRIQUE, UNE QUALITÉ URBAINE, DES RELATIONS ESTHÉTIQUES DE VOISINAGE QUI PLAISENT AU PUBLIC, DANS CE DIALOGUE MUET QUE SOUHAITAIT ET DÉCRIVAIT PAUL VALÉRY DANS "EUPALINOS" : *« PLUS QUE LES AUTRES ARTS, L'ARCHITECTURE DOIT RESTER UNE RÉFÉRENCE RASSURANTE ».* ”

JEAN-JACQUES ORY

"NOUVELLES FRONTIÈRES"

Ce bâtiment, agrandi et rénové boulevard de Grenelle, ancien centre de recherches de l'Aluminium Français. Edifié en 1945, il était caractéristique de l'architecture de transition entre l'époque Art Déco et le cubisme structuraliste. Bien que récent, il faisait déjà partie du paysage parisien, et comptait comme une réalisation singulière et un peu insolite dans l'environnement du boulevard.

Les façades étaient ornées de hauts-reliefs représentant diverses phases de l'industrie de l'aluminium ; ces motifs, réalisés par le sculpteur Riolo, achevaient de conférer au bâtiment une image bien particulière.

Au moment d'élaborer le projet de rénovation, qui impliquait un gain de surface et de meilleures conditions de fonctionnement, Jean-Jacques Ory se trouvait devant un dilemme : les impératifs d'organisation et d'espace du maître d'ouvrage, la société Nouvelles Frontières, et son souci de conserver au quartier une image-mémoire.

Le parti finalement adopté consista à édifier un bâtiment clair et aéré par la disposition des volumes, les transparences des halls et des circulations, en y intégrant les éléments anciens signifiants.

Les hauts-reliefs sculptés ont été réutilisés, et rendus plus visibles que naguère par une véritable mise en scène volumétrique ; leur présence contribue à l'harmonie de cette façade restructurée selon une nouvelle géométrie.

Un portique assure la liaison plastique et visuelle entre les deux avant-corps latéraux. Il est constitué de colonnes de béton, recouvertes de stuc avec sur les chapiteaux une grande architrave métallique.

LE
BARRAGE
LA
CAMARGUE

Le péristyle d'entrée semi-circulaire, sur lequel émerge l'avant-corps central, est entouré de hautes baies qui ont conservé leurs fortes moulurations en pierre blanche de Comblanchien. Le dessin de ces baies est repris dans les fenêtres carrées de l'étage.
Entre les baies du rez-de-chaussée, et sur les avant-corps latéraux, sont placés les grands hauts-reliefs de Riolo, tandis que deux motifs symétriques viennent en "ponctuation" sur les plans de verre, à la partie supérieure. ■

NOUVELLES

87

LES TROIS QUARTIERS

C'est à la fin des années 30 que l'architecte Louis Faure-Dujarric – 1875-1943 – entreprit l'édification des nouveaux bâtiments du magasin "Les Trois Quartiers". Les travaux furent interrompus par la guerre. Dans la partie qu'il édifia à l'angle de la rue Duphot et du boulevard, il eut cependant l'occasion d'exprimer une identité architecturale forte, alternant les baies et les allèges en grands bandeaux horizontaux ; un rez-de-chaussée très transparent donnait une image moderne du grand magasin.

Les Trois Quartiers fermèrent leurs portes en 1988 ; l'année suivante, la Société Stim, filiale du groupe Bouygues, en entreprit la rénovation. La conception architecturale en fut confiée à Jean-Jacques Ory. Denis Dufourcq, Didier Berthelot, Gérard Couton, Christian Geneau et Pascal Bailly eurent la responsabilité de ce grand projet dans le cadre de l'Agence. L'architecture de la galerie intérieure fut conçue en collaboration avec Jean-Michel Wilmotte.

La spécificité du site historique du boulevard de la Madeleine, la qualité de l'architecture de Faure-Dujarric, l'hétérogénéité des façades, tant sur le boulevard que sur la rue Duphot, posaient des problèmes complexes.

Après maintes consultations, notamment avec les commissions des sites et l'architecte des Bâtiments de France, il fut décidé de réhabiliter les façades formant l'angle de la rue et du boulevard. Au centre, se trouvait un immeuble de la première moitié du XIXe siècle, dont la démolition avait été prévue par Faure-Dujarric. Sa disparition permettait une nouvelle écriture architecturale qui marque désormais l'axe de la grande façade. Les bandeaux horizontaux, prévus par Faure-Dujarric, ont été complétés entre la partie gauche et la partie droite.

« Depuis longtemps, j'ai opté pour une architecture "douce" qui opère dans la ville sans brutalité, et respecte son identité. Il est intéressant, en fonction de la qualité du bâtiment

Aspects historiques

Avec le magasin "Pygmalion", qui se trouvait au début du XIXe siècle près de la Tour Saint-Jacques, "Les Trois Quartiers" furent le prototype des grands magasins qui, à partir du Second Empire, se multiplièrent à Paris.
"Les Trois Quartiers" installés en 1828 à l'angle de la rue Duphot et du boulevard de la Madeleine, avaient été fondés par MM. Gallois et Gignoux ; ils s'inspirèrent d'une pièce qui remportait alors un certain succès au théâtre et dans laquelle les auteurs, Picard et Mazères, mettaient en scène des représentants des trois quartiers élégants du début du XIXe siècle : la Chaussée d'Antin, le faubourg Saint-Honoré et le faubourg Saint-Germain. Gallois et Gignoux expliquèrent aussi leur choix en ornant leurs premières affiches et publicités de représentations des trois quartiers proches du magasin : la Madeleine, les Tuileries et les Champs-Elysées.
Alphonsine Plessis, dite Marie Duplessis – la Dame aux Camélias – passa les dernières années de sa brève existence dans un immeuble proche – 15, boulevard de la Madeleine, où elle mourut en 1847. Sans doute fut-elle l'une des premières clientes illustres des Trois Quartiers.
Pendant un siècle, le magasin necessa de prospérer en s'installant vaille que vaille dans les immeubles contigus du boulevard et de la rue Duphot. Au début du XXe siècle, il était devenu, sur la rive droite, le grand magasin de l'aristocratie et de la bourgeoisie. La princesse Bibesco note dans ses "Mémoires" : « J'allais voir ma grande tante qui habitait rue Duphot. Je contemplais son vis-à-vis, ce magasin brillant de lumière aux approches de Noël. C'était, dans le brouillard, un immense vaisseau de clarté, une espèce d'arche sainte qui contenait tous mes désirs. Mes premières amours, mes livres et les dieux mêmes de mon enfance, tout me venait des Trois Quartiers ».

existant, d'assurer une juxtaposition entre le passé et le futur : ainsi le choc des écritures peut constituer un enrichissement, c'est cette démarche que nous avons adoptée pour la reconstruction des Trois Quartiers ».
L'ensemble totalise 17 000 m² de bureaux répartis sur cinq étages. Selon un parti architectural qu'on retrouve fréquemment dans les grands chantiers de rénovation-réhabilitation conduits par l'Agence Ory, les bureaux bénéficient d'un ensoleillement direct, grâce à la présence de quatre profonds patios.
Les espaces de travail s'organisent autour des jardins intérieurs. Ces derniers sont aménagés sur le toit de la galerie commerciale.
Sous le titre "Les Trois Quartiers refont surface", *le Quotidien de Paris* écrivait au moment de l'inauguration : « *Les Trois Quartiers reprennent la mer boulevard de la Madeleine. L'immeuble "paquebot" de Louis Faure-Dujarric a été totalement repensé par Jean-Jacques Ory. On retrouve, à l'angle du boulevard et de la rue Duphot, les arrondis aux lignes pures qui rythment la façade. Ce qui frappe c'est la simplicité du décor. Pas de luxe inutile. Des colonnes de pierre reconstituée donnent une impression de puissance* ». ■

21

SOCIÉTÉS DE BOURSES FRANÇAISES, RUE CAMBON

Ce bâtiment, réhabilité en 1990-92 par la Société Copra, se trouve dans un environnement prestigieux, rue Cambon, à proximité de l'immeuble où Gabrielle Chanel créa, jadis, sa maison de couture. En face, "l'aile Cambon" du Ritz, abrite le bar Hemingway.

La façade, monumentale, assez austère, derrière laquelle se trouvaient naguère le hall d'accueil, l'escalier d'honneur et les bureaux de la "Chase Manhatan Bank", a été restaurée dans son intégralité. Les lucarnes elliptiques à frontons sculptés se détachent sur le rempant des combles, les maçonneries à bossages, les corniches et balcons sont en contraste avec les larges baies métalliques. Ce bâtiment est caractéristique des recherches autour du thème de l'architecture bancaire.

Côté rue Cambon, l'intervention de Jean-Jacques Ory assisté de Olivier Roulleau-Gallais a porté essentiellement sur la modification du rez-de-chaussée. Une double grille d'entrée encadre désormais une haute baie centrale de même nature. Les ferronneries, redessinées, ont été conçues en référence à l'architecture bancaire, très protectrice, de jadis. Ces vastes baies éclairent le hall d'accueil et assurent une transparence vers les espaces intérieurs.

Entre les volumes d'accueil et le jardin, un pallier intermédiaire donne accès aux ascenseurs et à l'escalier d'honneur. Celui-ci a été conservé, de même que la rotonde en forme de belvédère circulaire du premier étage.

La banque occupait une parcelle assez profonde touchant à son extrémité au magasin des Trois Quartiers. En périphérie de cet espace, ont été édifiées quatre ailes de bureaux, peu profondes, et par conséquent éclairées en lumière naturelle. Les façades se composent de parois de verre en léger retrait d'un étage à l'autre ; cet évasement assure une excellente pénétration de la lumière jusqu'au niveau du jardin intérieur, et permet une écriture architecture agréable et novatrice.

A la partie extrême de ce patio, le maître d'ouvrage a fait placer une monumentale sculpture de Igor Ustinov.

Elle constitue une interprétation symbolique du passé et du présent du bâtiment, l'artiste ayant utilisé, notamment, une ancienne porte blindée de la salle des coffres comme base sur laquelle se dressent de grands personnages de bronze emblématiques. ■

CENTRE D'AFFAIRES KLÉBER-TROCADÉRO

Depuis le début du siècle, la Société Générale occupait le magnifique immeuble néo-classique aux façades ordonnancées de colonnes, de pilastres et de hautes fenêtres à frontons, qu'elle avait fait édifier en 1910 entre l'avenue Kléber, l'avenue Raymond-Poincaré, et la rue de Longchamp.

Cet immeuble est formé de trois vastes corps de bâtiments composés autour d'une importante cour centrale de plan globalement triangulaire. Dans cette cour, on édifia, dans les années 50, un immense coffre-fort circulaire nommé "Tour Sogégarde" qui avait pour vocation d'abriter les titres.

Cette tour de cinquante mètres de diamètre fut affectée par la suite à la garde des œuvres d'art.

Lorsqu'en 1989 la Société Générale décida de rénover son immeuble, dont la Société Sari entreprit la reconversion, la tour aux œuvres d'art fut démolie. On revenait ainsi à l'espace initial permettant d'aménager un important patio-jardin.

Cependant, J.-J. Ory avait aussi proposé un projet de transformation de la tour Sogégarde en résidence hôtelière...

Sur les trois ailes, les étages de bureaux – 30 000 m^2 – ont été entièrement restructurés pour s'adapter aux exigences fonctionnelles contemporaines ; cette mutation n'a pas eu d'incidence sur l'aspect des façades.

L'intervention architecturale la plus visible a porté sur la restructuration du rez-de-chaussée côté avenue Kléber.

Six portiques symétriques ont été établis. Au centre, l'ancien portail en ferronnerie constitue l'entrée principale vers les halls d'accueil et le patio. Les portiques, de part et d'autre, abritent des boutiques dont les façades sont définies par des parois en arc de cercle de très grand rayon. De puissants poteaux métalliques portent, sur leurs chapiteaux, de belles architraves d'acier, sur lesquelles reposent les étages supérieurs.

Dans le dessin de ces poteaux, Jean-Jacques Ory a associé et interprété les éléments de la colonne classique, avec ses hauts tambours, soulignés ici par un cerclage en acier inoxydable.

Sur ces colonnes, sont appliqués des pilastres, plus sombres, qui paraissent agrafés aux fûts par des cabochons à la hauteur de chaque joint. L'ensemble "colonne-pilastre" supporte un entablement en acier à base carrée ; le chapiteau proprement dit est constitué d'une rotule et d'une corbeille trapézoïdale sur laquelle repose la poutre de l'architrave.

A l'intérieur, toutes les façades ont été reconstruites sur un nouveau dessin, l'hétérogénéité des façades anciennes n'étant plus compatible avec l'esprit architectural recherché.

Chacun des trois côtés est marqué au centre par un avant-corps monumental puissamment structuré. Le parti choisi fait largement appel à la pierre blonde de Bourgogne.

Au centre du jardin, assez minéral, qui assure le passage de l'une à l'autre des ailes, un patio en creux permet d'éclairer les locaux en demi sous-sol où se trouvent le restaurant d'entreprise et des salons privés ; une salle de projection et une salle de sport ont été installées à proximité.

L'immeuble est aujourd'hui occupé par diverses sociétés, dont la Fondation Coprim pour l'art contemporain, et le restaurant "La Butte de Chaillot", dont l'aménagement intérieur a été conçu par l'architecte Pierre Parat.

La réalisation a obtenu en 1992 le prix du meilleur Centre d'Affaires Européen. ■

UNILEVER A ASNIÈRES

Cette étude avait été réalisée pour Unilever, qui souhaitait regrouper l'ensemble de ses sociétés filiales dans un même site géographique, en l'occurrence un terrain contigu à l'usine d'Asnières, en bordure de Seine.
Le maître d'ouvrage souhaitait réaliser un ensemble de bureaux qui se singularisât par une image forte, face à un site fluvial.
A cet aspect emblématique, il fallait associer une certaine transparence, symbolique du fonctionnement des sociétés et proposer, malgré l'ampleur du programme, un parti architectural relativement éclaté.
C'est pourquoi Jean-Jacques Ory avait proposé le parti d'un immeuble "en peigne", composé de trois grandes ailes curvilignes venant s'appuyer sur un immeuble perpendiculaire.
Ces trois ailes, face à la Seine, fragmentent la volumétrie générale par de profonds jardins. Elles bénéficient d'un traitement architectural particulier : grandes allèges métalliques au devant de façades panoramiques en verre transparent boulonné. Pour chaque aile les deux demi façades viennent se rencontrer sur une haute colonne frontale.
La volumétrie générale, inhabituelle, les bâtiments tendus comme des proues, le choix des matériaux et des techniques constructives proposées, confèrent à cette étude une identité architecturale caractéristique des recherches des années quatre-vingt-dix. ■

CENTRE D'AFFAIRES NOTRE-DAME DES VICTOIRES, PLACE DE LA BOURSE

Construit entre 1989 et 1991, cet immeuble occupe un terrain assez profond, entre la rue Notre-Dame-des-Victoires – face à la place de la Bourse – et la rue Montmartre.
Les cadences verticales des structures, sorte de hauts pilastres à double face s'élevant sur toute la hauteur, favorisent cette intégration. Ils reposent sur les belles colonnes cylindriques qui règnent en rez-de-chaussée.
La modénature horizontale correspond aux étages qui ont été conçus comme des plateaux libres aménageables en fonction des spécificités des utilisateurs.
Comme souvent lorsqu'on se trouve en présence d'un terrain très profond, n'ayant que des façades sur rue assez étroites, le parti qui s'imposait était celui du patio central permettant d'éclairer en lumière naturelle, non seulement les deux corps de bâtiments parallèles aux rues, mais aussi les ailes perpendiculaires qui les réunissent.
Ici le patio prend la forme d'un grand fragment de cylindre largement ouvert, l'axe principal est marqué par la présence de deux ascenseurs panoramiques ; leurs mouvements apportent une notation animée dans cet espace intérieur quelque peu rigoureux.
Pour les façades sur rue, les architectes ont fait référence aux immeubles bâtis rue Réaumur dans les années 1890-1910. Les structures métalliques des murs rideaux y étaient très affirmées. ■

46

TELECOPIE SERVICE
COPIE SERVICE
TRAVAUX PHOTOS COULEUR
-40%

46
J.J. ORY
ARCHITECTE
1991

46

HÔTEL INDUSTRIEL "LES BOURGOGNES" A COLOMBES

Vétustes et abandonnés depuis plus de dix ans, les anciens entrepôts Kléber-Colombes se trouvaient dans la zone industrielle de Colombes.

Leur réutilisation initiée par la CGI passait par une restructuration lourde consistant à transformer ce hangar industriel, lieu de fabrication et de stockage délimité par quatre façades opaques, en un pôle d'activité tertiaire ouvert sur le ciel et l'environnement.

La structure existante ne permettant pas d'éclairer les espaces en vue directe, il fallait donc repenser la distribution.

Les architectes décidèrent de fractionner le bâtiment en deux entités autonomes autour d'un large patio animé par des ascenseurs panoramiques.

La création de cette rue intérieure très claire fut rendue possible grâce à la mise en place d'une verrière transparente. C'est le cœur du bâtiment, le point de rencontre. On y trouve une fontaine à fils surmontée d'un "orgue de verre" gravé, jouant avec les variations de la lumière. Ces œuvres ont été conçues par Françoise Pressouyre.

A l'extérieur, les volumes pleins très sobres ont été revêtus d'un matériau nouveau, l'acrytherm, en résine composite.

L'ensemble comporte 20 530 m² de bureaux. Il est occupé par Alcatel Radio Téléphone. ■

NANTERRE-CHAMPIERRREUX

Parmi les réalisations récentes de l'Agence d'architecture J.J. ORY, cet ensemble de bureaux et d'activités semi-industrielles situé à Nanterre dans le quartier des Champierreux témoigne de l'évolution de l'architecture des hôtels et immeubles industriels.
Des volumes et des modénatures simples et économiques pour des bâtiments qui sortent toutefois de la banalité et de la répétition.
Maîtrise d'ouvrage Société Cardif.

Nanterre-Champierreux, détail de la façade.

ENSEMBLE TERTIAIRE
A NANTERRE

ENTREPRISES
Campanile

CENTRE D'EXPOSITIONS "LE RECTANGLE" A ROISSY (VITRINES DE FRANCE)

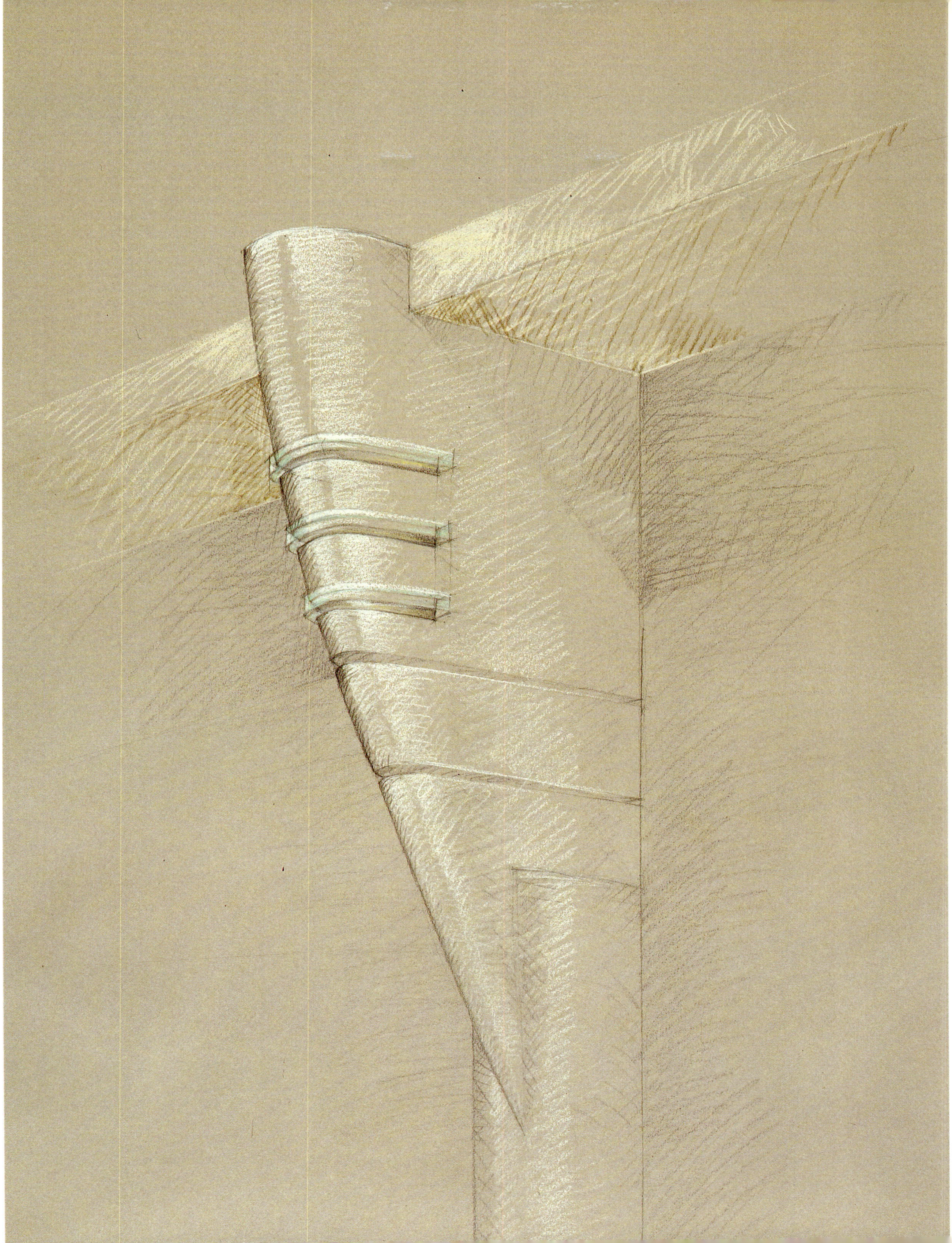

Cet important projet, conçu en 1991, comporte la réalisation dans la zone aéroportuaire de Roissy, d'un ensemble de quatre grands bâtiments organisés de part et d'autre de deux rues perpendiculaires couvertes ; chacun de ces bâtiments étant lui-même un ensemble autonome construit autour de trois patios carrés avec seulement trois niveaux.

Le programme, établi par le maître d'ouvrage de la Société Cible, est cependant considérable, 180 000 m² de surfaces utiles destinés à abriter des locaux d'exposition et de travail. Il sera la vitrine internationale de l'ensemble des entreprises françaises les plus dynamiques.

Cette "vitrine de la France", que découvriront à leur descente d'avion les hommes d'affaires et les visiteurs internationaux, se doit de présenter une image architecturale particulièrement attractive et singulière.

C'est pour cette raison que les concepteurs ont proposé une fragmentation du grand rectangle en quatre éléments séparés reliés par les rues couvertes au centre desquelles les escaliers, les escalators et les passerelles contribuent à la création d'un espace

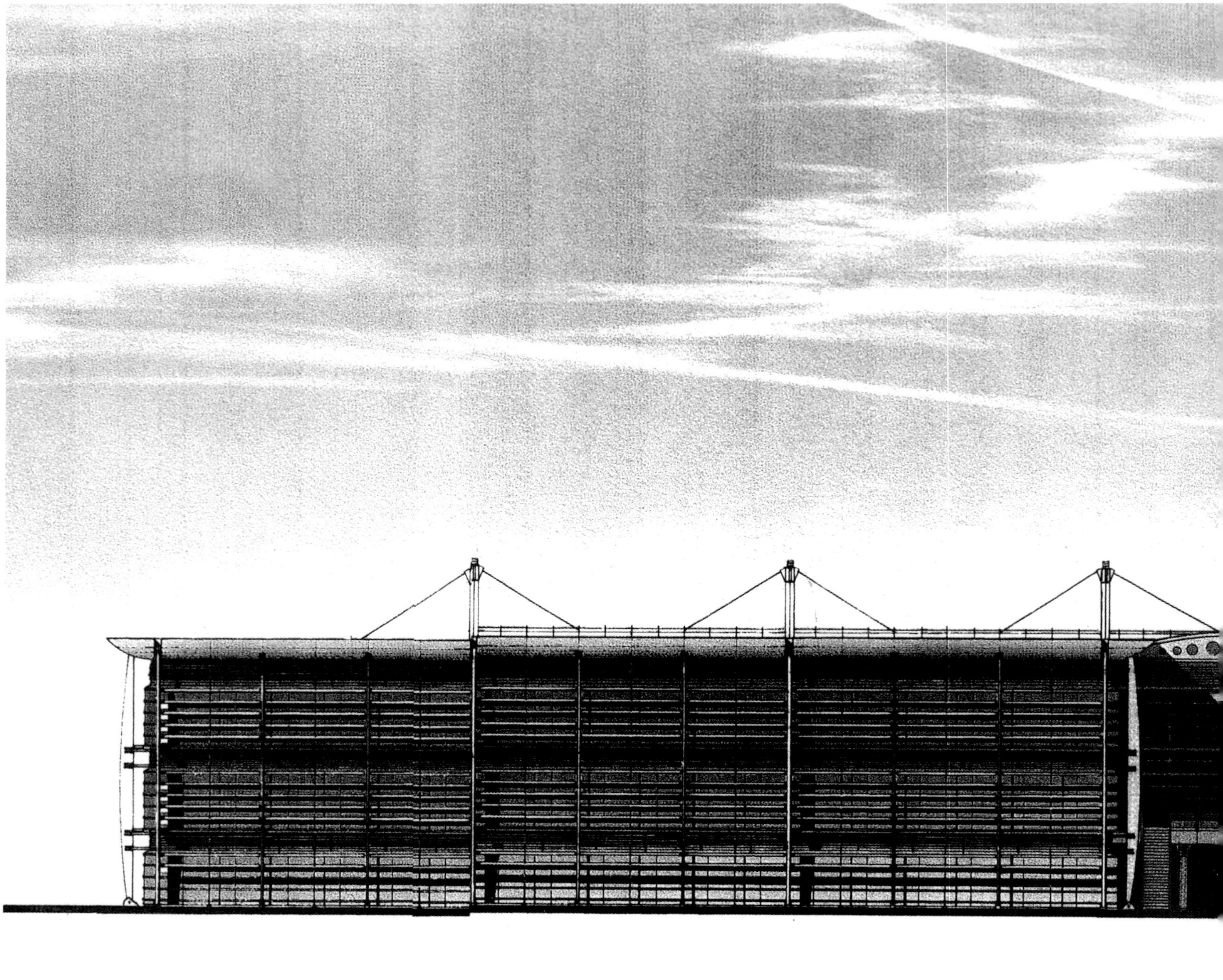

accueillant, propre à favoriser une animation dans des lieux de rencontre.
Ces deux grandes rues couvertes perpendiculaires, se développant sur trois niveaux, créent un espace protégé et convivial.
Sur le plan de l'architecture, il fallait exprimer la modernité du programme par une écriture plastique adaptée à sa spécificité. C'est pourquoi, globalement, le bâtiment s'inscrit dans le site en volumes relativement peu élevés. Le dessin des façades se caractérise par de sobres modénatures horizontales associant aux parties vitrées les parties pleines des allèges et des poteaux pour lesquels J.-J. Ory s'est inspiré de l'esthétique aéronautique.
Les dessins ont abouti, dans le projet définitif, à des choix constructifs et techniques qui permettent une esthétique de la légèreté et de l'espace, notamment grâce à la présence de poteaux cylindriques en acier dont les chapiteaux sont accusés par de simples renforts biais, par celle des poutres en fome d'aile d'avion percées de grands jours circulaires qui accusent le parti constructif et esthétique, tout cela dans une écriture procédant des nécessités fonctionnelles. ■

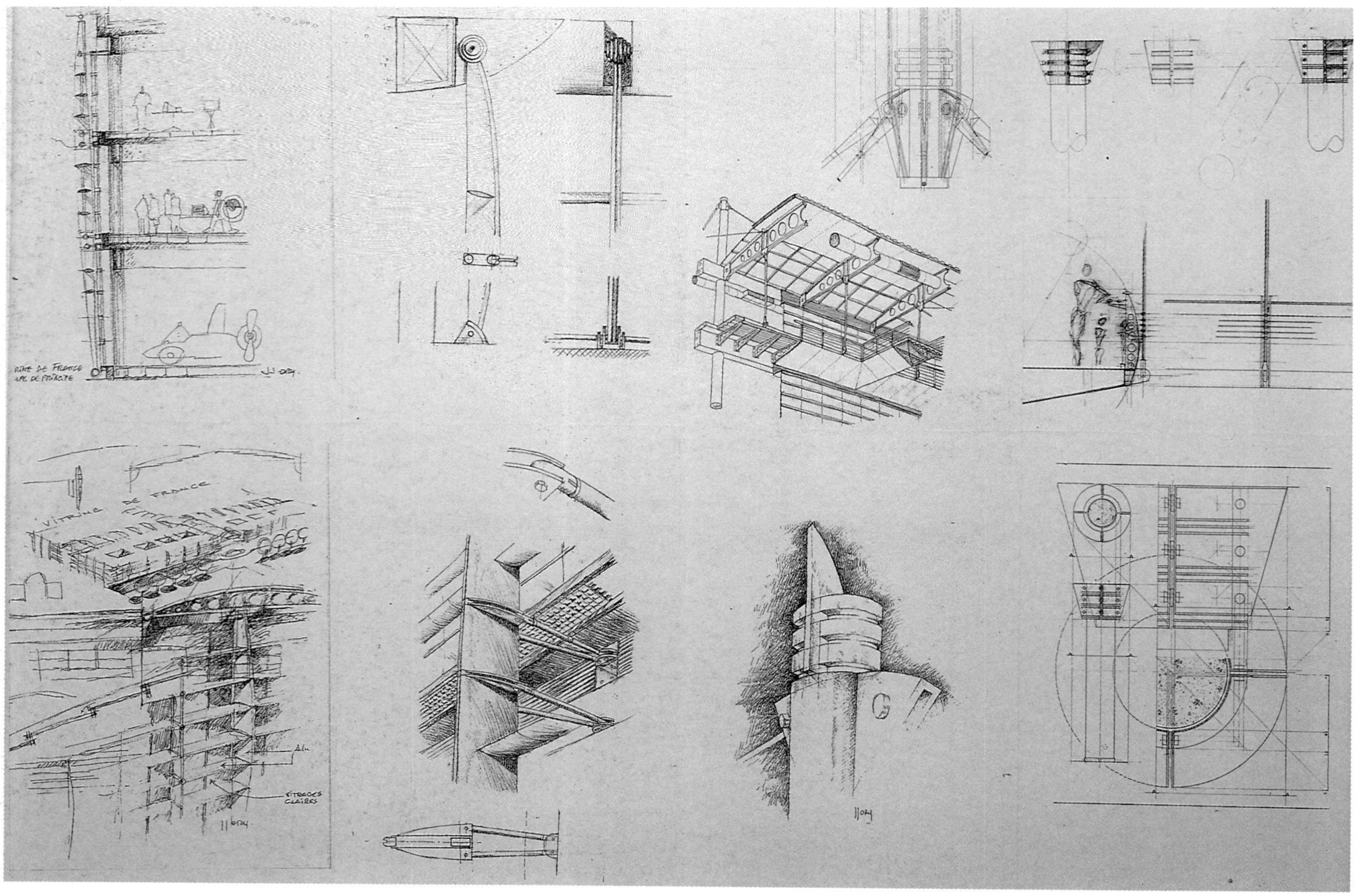

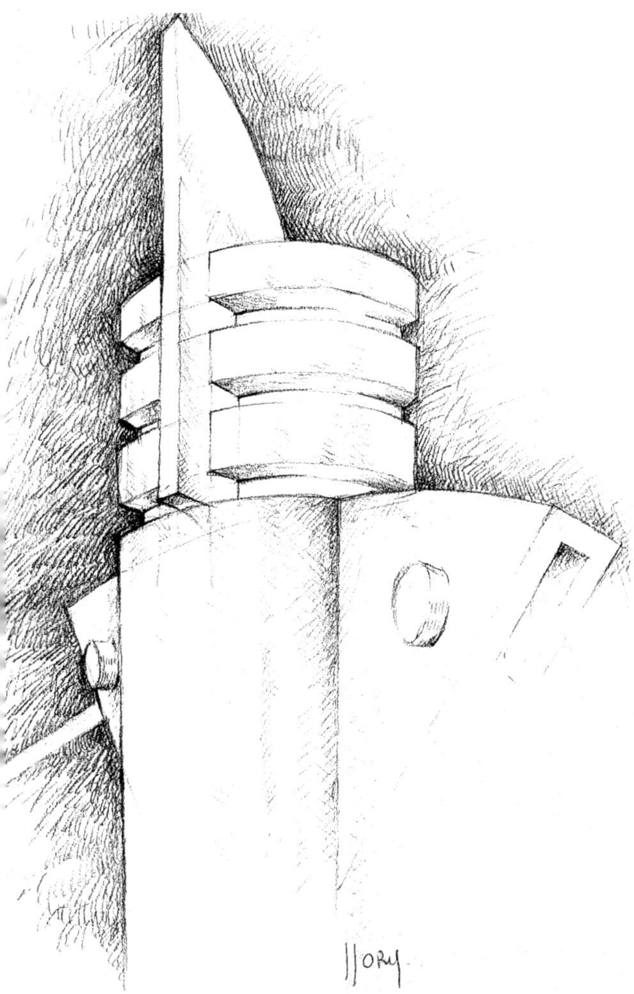

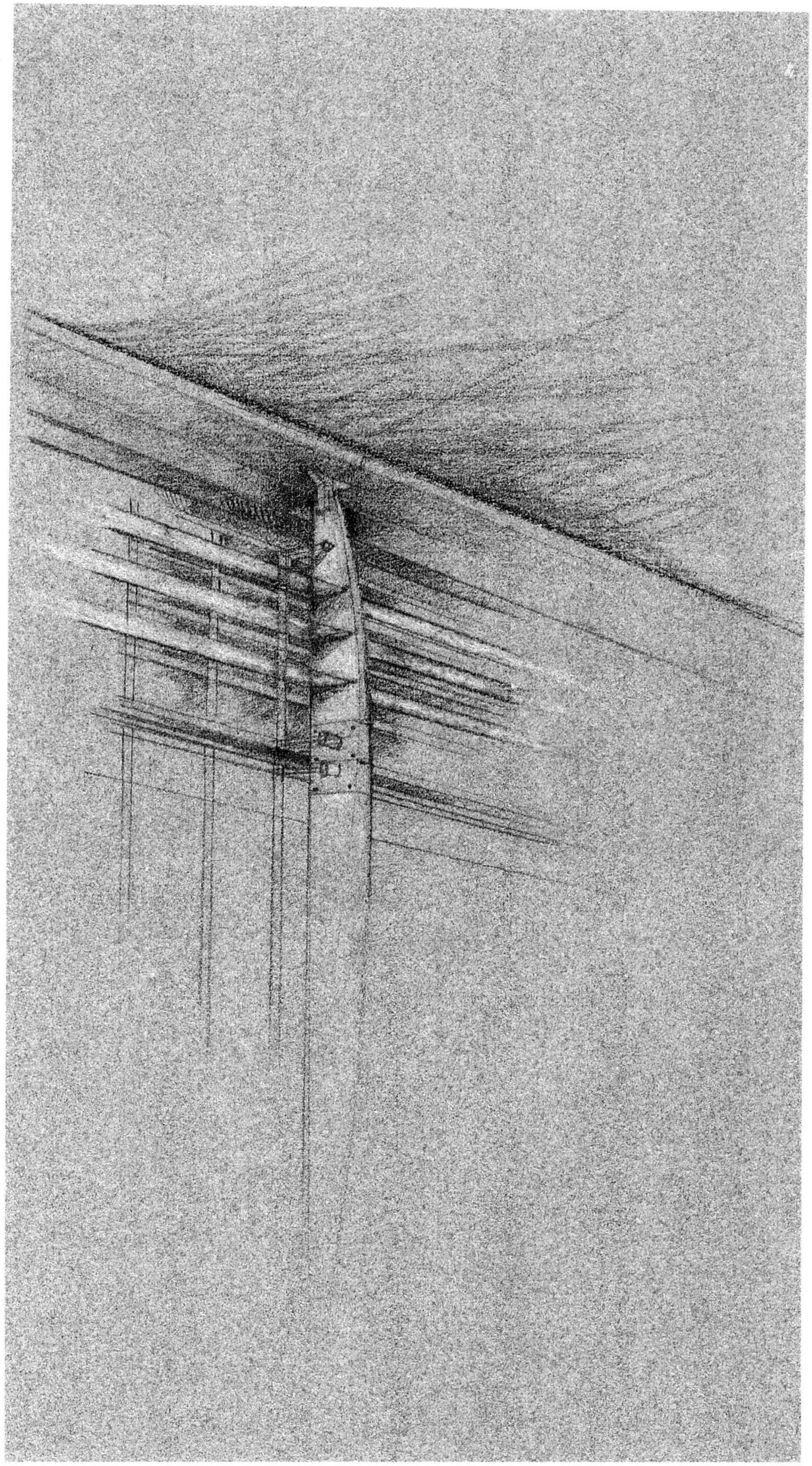

100, RUE RÉAUMUR (FRANCE-SOIR)

France-Soir

Le bâtiment, naguère occupé par France-Soir *avait été construit par P. Sardou en 1924 pour le journal* Paris-Presse-l'Intransigeant. *La façade, qui fut primée par la Ville de Paris, procédait d'une démarche classique avec ses deux avant-corps en faible saillie coiffés de deux frontons triangulaires. Le sculpteur Henri Navarre y réalisa, en haut-relief, les représentations symboliques des métiers et des moyens de la presse. Ces éléments restaurés sont restés en place, de même que la belle mosaïque du hall symbolisant le journal* L'Intransigeant, *l'un des plus grand quotidiens de l'avant-guerre, dans lequel Le Corbusier se fit connaître par la virulence de ses chroniques sur l'urbanisme et l'architecture...*

Entre 1944 et 1984, le bâtiment fut occupé par France-Soir. *Ce journal avait été fondé par un groupe d'étudiants en zone occupée. Il devint* Défense de la France *en août 1944 à Rennes, puis* France-Soir *le 8 octobre suivant. Il fut longtemps dirigé par Pierre Lazareff.*

Cet immeuble a fait l'objet, entre 1989 et 1992, d'une complète restructuration donnant lieu à un chantier compliqué et spectaculaire en raison du maintien en place de la façade sur la rue Réaumur pendant la durée des travaux. La construction de huit niveaux sous-sols, dans un terrain difficile, imprégné par l'eau de la nappe phréatique, a été conduite à l'abri d'une paroi périphérique étanche préalablement coulée à une profondeur de 28 mètres.

L'ancrage de cette paroi a par ailleurs posé des problèmes complexes en raison de la présence du tunnel du métro sous la rue, des égouts, et des terrains instables de l'environnement, comprenant des gypses et des remblais très anciens. 21 000 m^3 ont été extraits représentant 2 400 camions.

La durée des travaux n'a pourtant pas dépassé 26 mois, dont 14 furent consacrés aux travaux de démolition d'infrastructures et 12 à la construction des bureaux proprement dits.

La façade principale a conservé son aspect originel, celles qui bordent les rues de la Forge et Damiette ont été reconstruites.

Elles associent de hautes verrières métalliques inscrites dans une modénature de colonnes et de pilastres ; ceux-ci sont revêtus de pierre de même que les bandeaux de séparation des étages.

Au niveau du rez-de-chaussée, et sous la corniche supérieure, ces bandeaux sont soulignés par de longues incrustations horizontales aux tons ocres, beaucoup plus chauds.

La corniche est elle-même formée d'un épais bandeau en aluminium anodisé semi-cylindrique. Le dessin de ce profil a été repris à hauteur des fenêtres du rez-de-chaussée, ainsi que de part et d'autre de la travée centrale introduisant au passage couvert, qui met la

rue de la Forge en communication avec la rue Réaumur.

Le traitement architectural des étages, au-dessus de la corniche supérieure, s'inspire des modénatures traditionnelles des immeubles parisiens avec une succession de combles en retraits successifs, un pan coupé revêtu de zinc et percé de fenêtres en avant-corps. Un dernier niveau, invisible de la rue, constitue une verrière continue biaise ; une longue balustrade métallique délimite la terrasse.

L'idée d'un passage piétonnier situé au niveau du rez-de-chaussée a été inspirée à Jean-Jacques Ory par sa connaisance du vieux Paris de la Rive Droite où, entre le Premier Empire et l'époque Louis-Philippe, se multiplièrent les passages couverts, qui font encore aujourd'hui l'agrément et le confort des piétons : passage Véro-Dodat, Vivienne, Colbert, des Panoramas, Jouffroy, etc., et, à proximité immédiate du 100, rue Réaumur : passages du Caire, d'Alexandrie, du Grand Cerf...

Le passage "France-Soir" assure aussi la transparence du bâtiment, tant depuis la rue Réaumur que depuis la rue de la Forge. Il s'élargit au centre du bâtiment autour du patio circulaire qui permet à la lumière de pénétrer jusqu'au niveau du deuxième sous-sol à partir duquel s'élèvent les parois obliques de la section en hémicycle.

Dans ce patio, le maître d'ouvrage, la société Copra, a fait installer une composition de Daniel Graffin, grande structure métallique rouge munie d'un balancier bleu.

A l'occasion de la reconstruction de l'ex-immeuble de l'Intransigeant et de France-Soir, on a retrouvé sous les remblais anciens des pavés de la Cour des Miracles, l'un d'eux a été symboliquement intégré dans les maçonneries du nouvel immeuble. ■

Eléments d'histoire

Le centre d'affaires de la rue Réaumur se trouve au cœur du Paris historique, à l'emplacement de l'ancien cul-de-sac de l'Etoile, qui avait lui-même remplacé, au début du XVIIe siècle, une "Cour des Miracles".
Elle avait été créée au XIIIe siècle. Victor Hugo s'en inspira dans Notre-Dame de Paris. A la fin du règne de Louis XIV, le lieutenant de police Gabriel Nicolas de La Reynie (1625-1709) célèbre pour avoir perfectionné l'éclairage des rues de Paris, et entrepris leur nettoiement, créa une police municipale efficace qui fit disparaître les cours des miracles, y compris la Cour Neuve Saint-Sauveur.
Il ne resta que le cul-de-sac de l'Etoile, où la future comtesse du Barry – née Anne Bécu y habita en 1752.
On édifia à cet emplacement une halle aux poissons. En 1808 des forges s'y installèrent.
La rue Réaumur, dont l'ouverture avait été prévue dès 1864 dans les grands travaux d'Haussmann, ne fut réalisée qu'en 1895-96. De part et d'autre s'élevèrent de beaux immeubles, presque tous exclusivement occupés par des ateliers de confection et des boutiques.
Ils sont caractéristiques de l'architecture de style éclectique de cette époque, avec un heureux mariage de bow-windows, de colonnes, de pilastres, de rotondes et d'encorbellements.
Les architectes ont utilisé habilement la pierre de taille et la fonte décorative dans ces grandes façades largement ouvertes qui constituent la première génération des "murs-rideaux".
L'ensemble du n° 124 – naguère occupé par le journal Le Parisien Libéré *– fut construit en 1903 par Georges Chedanne, entièrement en charpente métallique boulonnée, il affirme plus que les autres sa modernité. Il est aujourd'hui classé.*

Ory

SIÈGE SOCIAL GERLAIN A LEVALLOIS

Entre 1985 et 1993, l'Agence a réalisé plusieurs immeubles de bureaux à Levallois. Dans cette commune, la disparition des bâtiments industriels, parfois extrêmement importants, usines Citroën par exemple, a conduit à une mutation urbaine qui s'est traduite par un nouveau visage pour la ville.

Un projet pour la Société des Parfums Guerlain avait été conçu en 1991.

L'écriture architecturale s'exprimant pour l'essentiel sur la façade constituée de langues horizontales plates alternées de parties pleines. Le couronnement – occupé par les restaurants d'entreprise et les salons de réception – s'inscrivait sous la longue ondulation d'un voile de béton. Des séries de hublots superposés dans le plan vertical d'une part, selon une diagonale d'autre part, cette diagonale était virtuellement épaulée par deux structures métalliques tridimensionnelles constituant les ailes du bâtiment. En avant du haut volume vitré du hall d'honneur, des signaux sculptés encadraient l'entrée principale. ■

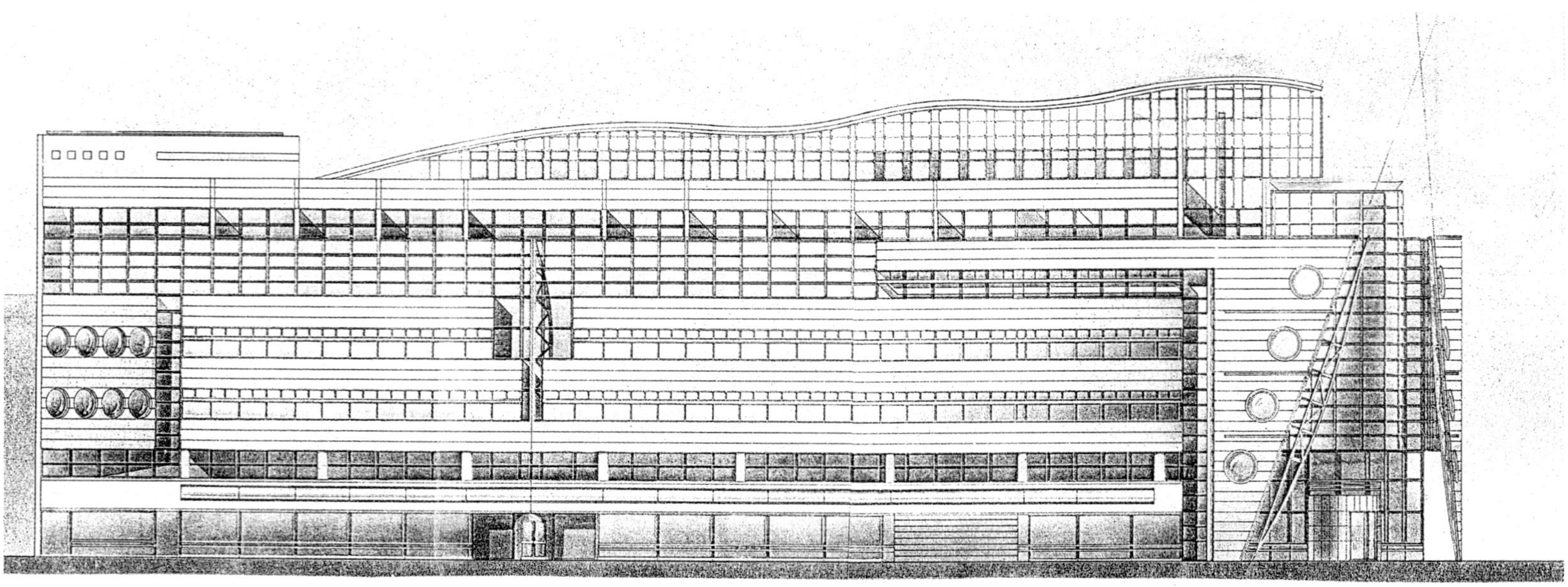

ENSEMBLE TERTIAIRE A LEVALLOIS

Ce projet a été élaboré dans le cadre d'un concours restreint lancé auprès de quelques architectes, en 1993, en vue de la reconstruction d'un ensemble immobilier réalisé près du pont de Levallois dans les années soixante-dix, et condamné à être démoli en raison de son côté obsolète.
Il s'agissait d'édifier un nouveau bâtiment en bord de Seine dans un environnement déjà très construit où se trouvent, pour l'essentiel, des immeubles résidentiels en gradins.
Le parti proposé affirmait donc de très franches verticales autour de grands patios et fragmentait tout autour les espaces de bureaux en plusieurs bâtiments pouvant vivre éventuellement de manière autonome.
Les façades d'esprit "high tech" associaient les plans de verre et les structures métalliques finement profilées.
Afin d'obtenir une cohérence formelle et de constituer une entité visuelle et architecturale unique, les différents volumes autour des patios étaient coiffés par de vastes voiles de béton très légers, percés de grands oculi circulaires à la verticale des jardins intérieurs. ■

CENTRE INFORMATIQUE, SOPHIA ANTIPOLIS

Posé à flanc de coteau dans le site privilégié de Sophia Antipolis, le phare de la recherche française où cohabitent laboratoires et pôles universitaires scientifiques et techniques, cet espace polyvalent, conçu par l'agence en 1990, était par la dynamique des formes le symbole de la dynamique des lieux.
L'architecture témoignait tout particulièrement ici, non seulement de la fonction des bâtiments, mais de la modernité de l'environnement intellectuel et scientifique.
Parois légères, voiles et structures tendues, transparences, sobriété rigoureuse presque mathématique des matériaux, couleurs inspirées de l'environnement naturel, autant de facteurs qui contribuaient à la qualité du projet. ■

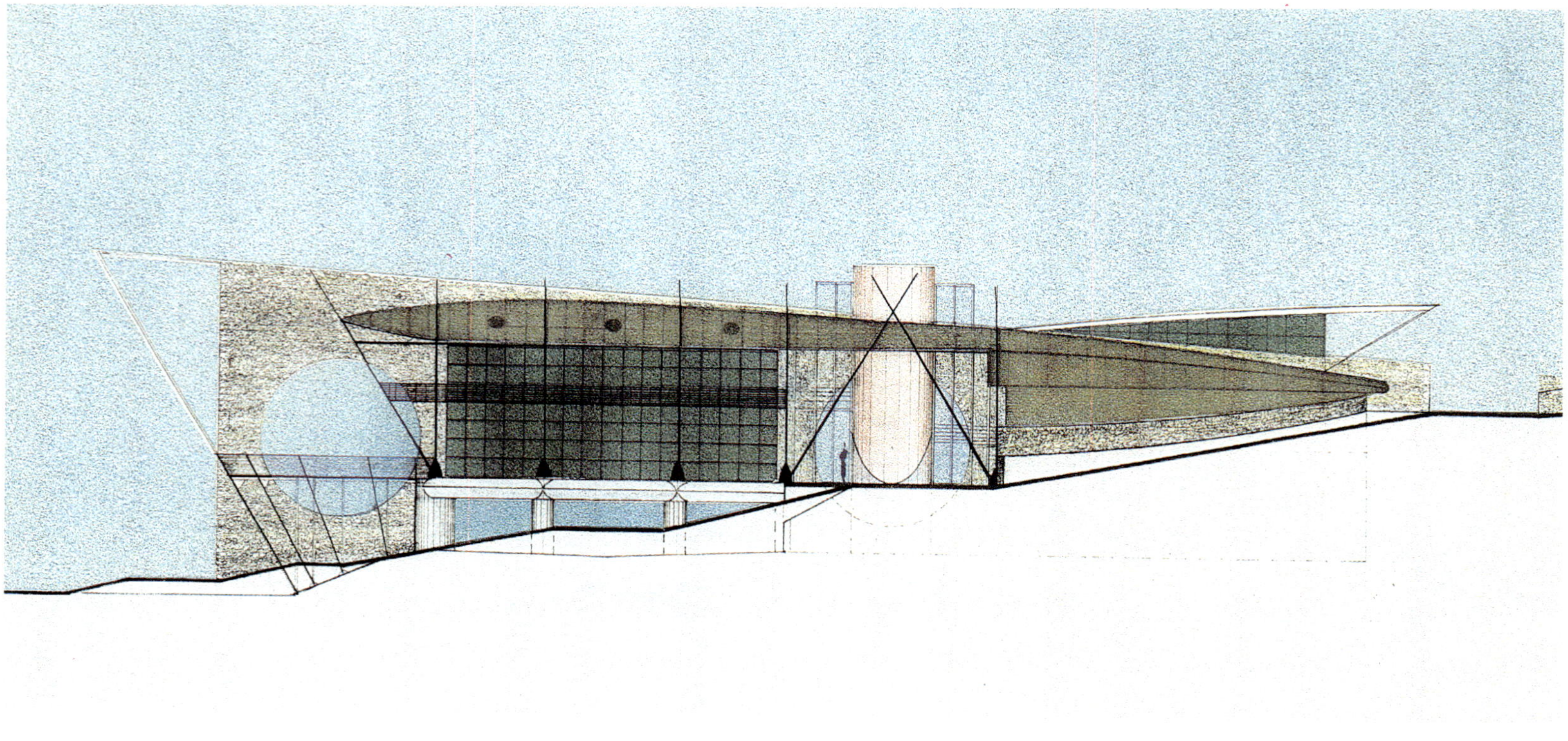

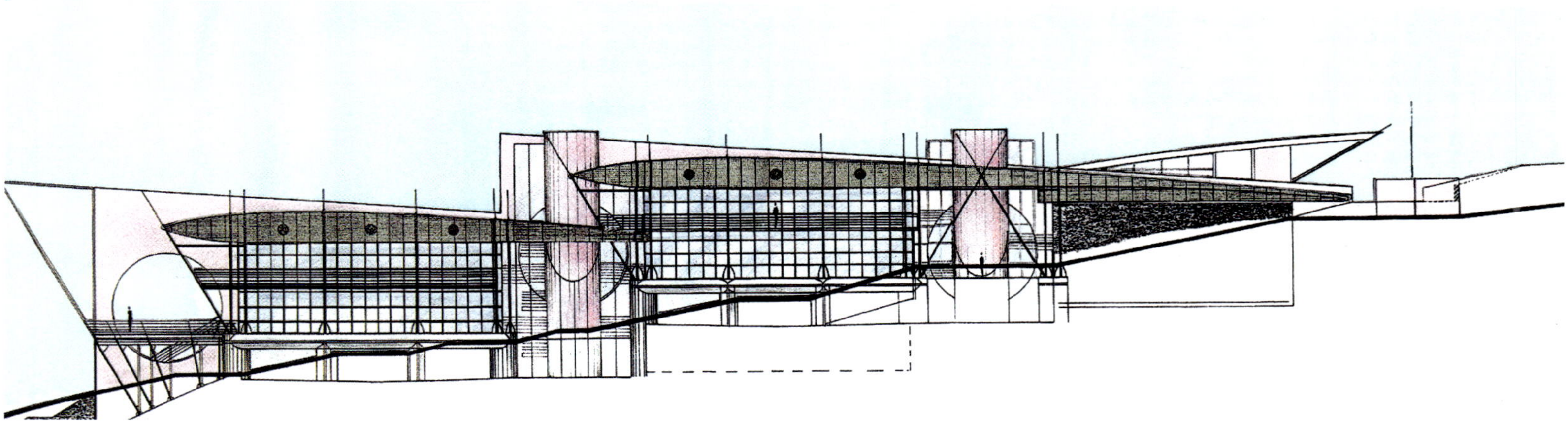

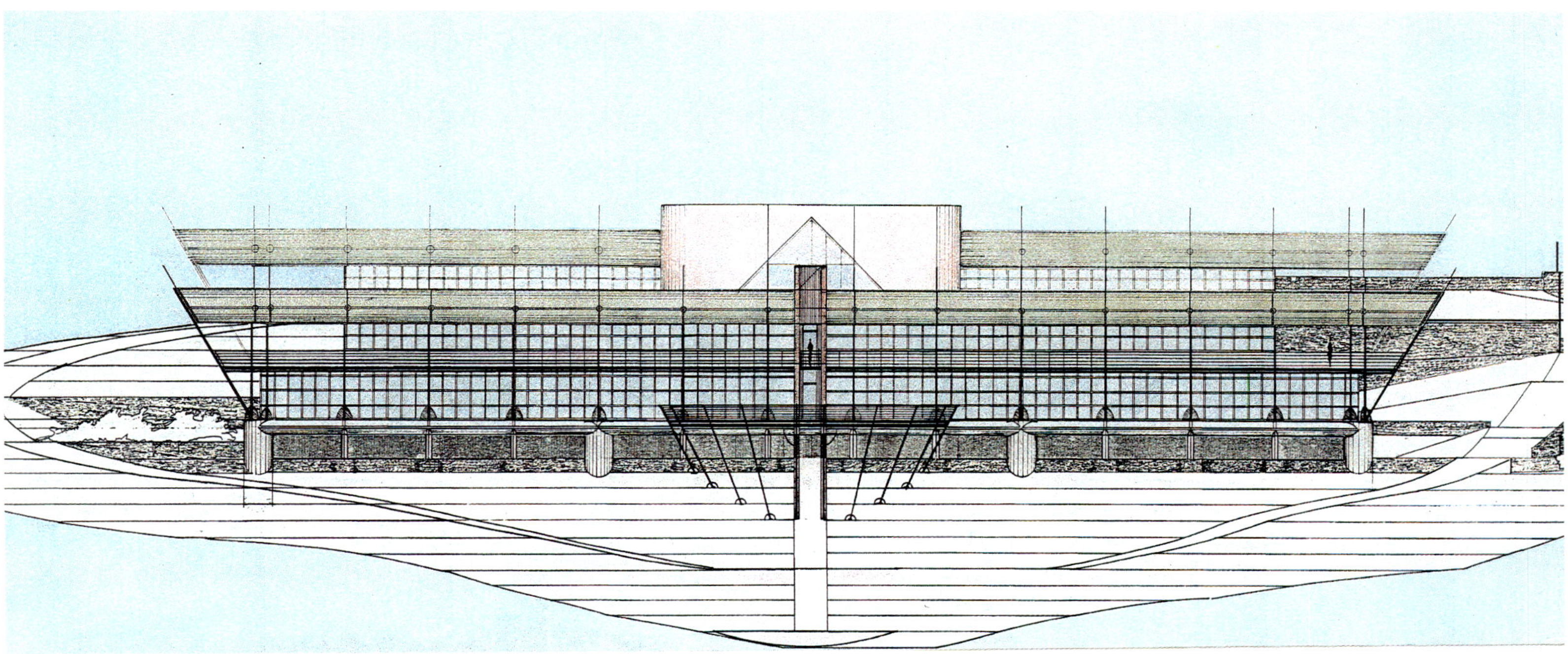

LE "SÉMAPHORE" A LEVALLOIS

Le "Sémaphore", terminé en 1993 pour la Société Coprim, participe directement à la présence de la ville telle qu'on la perçoit désormais depuis les quais.

Chacune des façades de cet immeuble, conçu avec la collaboration de Viorel Simion, présente une image différente.

La façade est du côté de la ville, précédée d'un jardin, utilise les symétries à partir d'un avant-corps curviligne en léger relief, marqué, au centre, par une haute faille verticale.

La façade ouest, face au jardin et à la Seine, se singularise par les contrastes dans l'utilisation des matériaux faisant cohabiter, à l'angle, un calepinage de fenêtres carrées, percées dans un mur revêtu de "néopariès", et de hautes verrières, en avant desquelles se détache, sur le côté gauche, un volume semi-cylindrique. Une haute colonne d'acier sur le chapiteau de laquelle viennent prendre appui des structures métalliques, compose, en avant du bâtiment, une sorte d'acrotère dont la hauteur correspond au personnage du Modulor jadis dessiné par Le Corbusier. Une figure emblématique conçue par le sculpteur Igor Ustinov est posée sur cette colonne.

La façade nord, plus sobre, associe également les revêtements clairs en "néopariès" et les murs de verre collé. Sur le côté ouest, l'entrée est marquée par une succession de colonnes cylindriques portant une architrave avec au-dessus deux registres d'expression différente. A la partie intermédiaire, on retrouve les revêtements blancs percés de deux étages de fenêtres ; aux niveaux supérieurs règnent les plans de verre et les fines menuiseries.

Science de la volumétrie, opposition des éléments opaques et transparents, contrepoint des plages blanches et sombres, finesse des menuiseries, écriture permettant d'identifier aisément chacune des quatre façades extérieures, simplicité des patios que vient racheter, avec élégance, la composition sculptée, tels sont les éléments essentiels qui caractérisent ce bâtiment, point singulier et signal urbain des nouvelles rives de Seine levalloisiennes. ■

54

J.J. ORY
architecte d.p.l.g.
1993
54

SIÈGE TÉTRAPAK
A LEVALLOIS

Terminé en 1992 pour la Société Coprim, cet immeuble situé à l'angle des rues Louis-Rouquier, Kléber et Carnot, est un ensemble important dans lequel Jean-Jacques Ory et Jean Ribereau-Gayon se sont attachés à une valorisation des façades et de la rotonde d'angle, et à une affirmation des structures.
On est ici en présence d'un jeu d'horizontales, correspondant aux bandeaux des étages, horizontalité accentuée par le dessin des vitrages panoramiques en longueur.
Un haut soubassement correspond aux trois premiers niveaux ; il est défini par un ensemble de quatorze colonnes rectangulaires régulièrement espacées. Les couronnements en retraits successifs confortent encore cette image architecturale fonctionnaliste.
Pour corriger et atténuer ce que ces façades auraient pu avoir de trop rigoureux, les concepteurs ont pris le parti d'interrompre en trois points les bandeaux horizontaux, en créant trois portiques en creux qui règnent sur toute la hauteur. Un jeu subtil de profils courbes en tubes d'acier régnant au niveau de chaque allège vient rattacher visuellement les éléments de façades en creux, aux parties en avant-corps.
Des solutions simples et économiques pour un immeuble en forme d'hôtel industriel, où le souci architectural se traduit à l'évidence vers l'extérieur, sans pour autant que les nécessités fonctionnelles internes aient été négligées. Les façades ouvrant sur le jardin intérieur ont été dessinées dans un esprit analogue. ■

Aperçu historique

A ce même emplacement se trouvait, jadis, un important chantier naval d'où partirent au XIXe siècle, bien des péniches et des bateaux de toutes sortes. En 1861, l'empereur Napoléon III y fit construire une "Trirème" comparable à celles qu'utilisaient les Grecs au Ve siècle avant Jésus-Christ, ou à celles de la flotte d'Antoine se rendant chez Cléopâtre... Napoléon III espérait utiliser ce navire, propulsé par 170 rameurs, pour se rendre de Paris à Saint-Cloud.

Cavé, qui a laissé son nom à une rue, avait créé cette entreprise en 1842 ; il employa jusqu'à quatre cents personnes et créa un lotissement pour ses ouvriers au hameau de la Planchette, près du château du même nom, qui subsiste encore avec son parc (aujourd'hui jardin public). On était alors dans la commune de Clichy, Levallois n'ayant acquis son autonomie qu'en 1866.

ENSEMBLE DELTAPARK A LEVALLOIS

L'immeuble "Deltapark", terminé en 1993, rue Cavé, pour la Société Coprim, procède d'un programme initialement plus complexe, car il devait associer, au long de trois rues et autour d'un jardin central, un ensemble résidentiel et des immeubles de bureaux.

Une cohérence favorisant l'intégration des nouveaux bâtiments au tissu urbain environnant avait été recherchée, avec une expression architecturale différenciant les habitations et les bureaux.

Le bâtiment se singularise par une façade linéaire faisant alterner en larges bandeaux horizontaux les allèges en aluminium brossé naturel avec les vitrages clairs. Les lignes d'un long avant-corps convergent vers l'axe du bâtiment où elles s'interrompent en une sorte de faille verticale, dans laquelle émerge, au-dessus de l'entrée, un second avant-corps circulaire. L'ensemble est volontairement composé avec un souci de symétrie. L'inscription dans la continuité de la rue est également facilitée par le retrait des étages supérieurs et le couronnement central. ■

70

CENTRE D'ART ET D'AFFAIRES, AVENUE MATIGNON

Sur un périmètre au sol de 3 500 m^2, ont été édifiés, en 1993-94, deux immeubles de bureaux parallèles, l'un sur l'avenue Matignon, l'autre sur la rue du Cirque. Une aile perpendiculaire les réunit.

Cette réalisation du groupe Axa, conduite en association avec les architectes Delaage et Tsarapoulos et J.-M. Grenot pour la décoration, comporte 8 500 m^2 de bureaux, avec des boutiques en rez-de-chaussée sur l'avenue Matignon.

Les commissions de sauvegarde et l'architecte des Bâtiments de France ont demandé que la façade de l'un des immeubles anciens, côté rue du Cirque, soit maintenue en place. Avenue Matignon, la façade de l'hôtel particulier, édifié en 1786 par l'architecte Millet, était inscrite à l'Inventaire. Cet hôtel, longtemps occupé par la Société Maritime Delmas-Vieljeux, avait perdu depuis longtemps tout son ancien décor intérieur, ce qui explique que la façade seule ait été maintenue.

Comme dans un certain nombre d'autres grands chantiers présentés dans cet ouvrage, J.-J. Ory assisté de Gaëtan de Meaulne ont fait cohabiter deux types de concepts et d'écritures architecturales. Le niveau du rez-de-chaussée qui constitue, de l'avenue Matignon à la rue du Cirque, est conçu comme un passage autour duquel se trouvent des galeries d'art. Cet espace muséographique est éclairé, au centre, par un vaste atrium. Un mur d'eau et des sculptures monumentales y prendront place.

Autour d'un patio en contrebas sont installées des salles de conférence.

L'entrée principale avenue Matignon s'inscrit dans une façade en demi-cercle sur toute la hauteur du rez-de-chaussée, et donnant accès aux espaces d'accueil, que des escalators et des escaliers relient au patio et aux bureaux, tandis que la galerie transversale se poursuit vers la rue du Cirque. ■

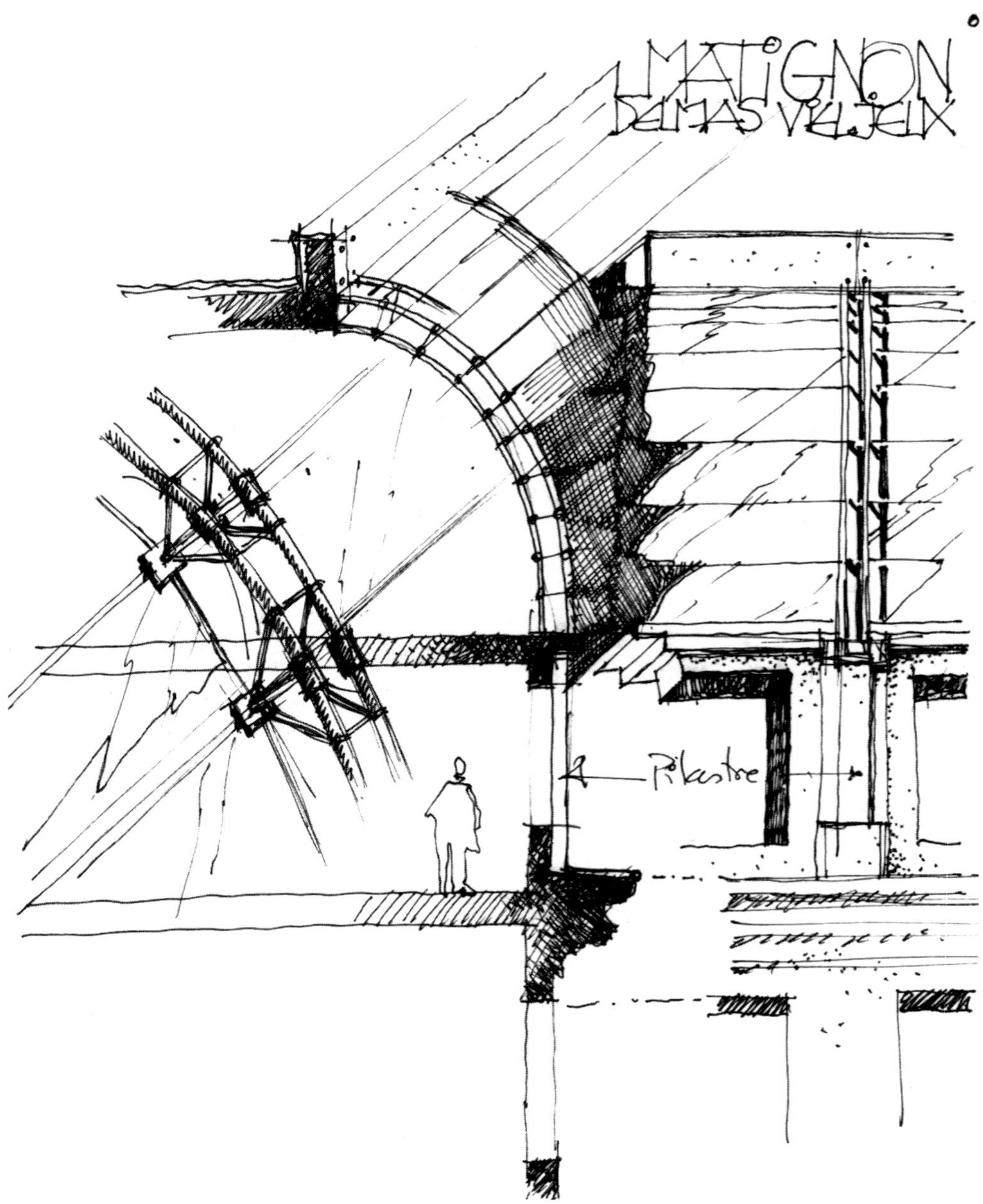

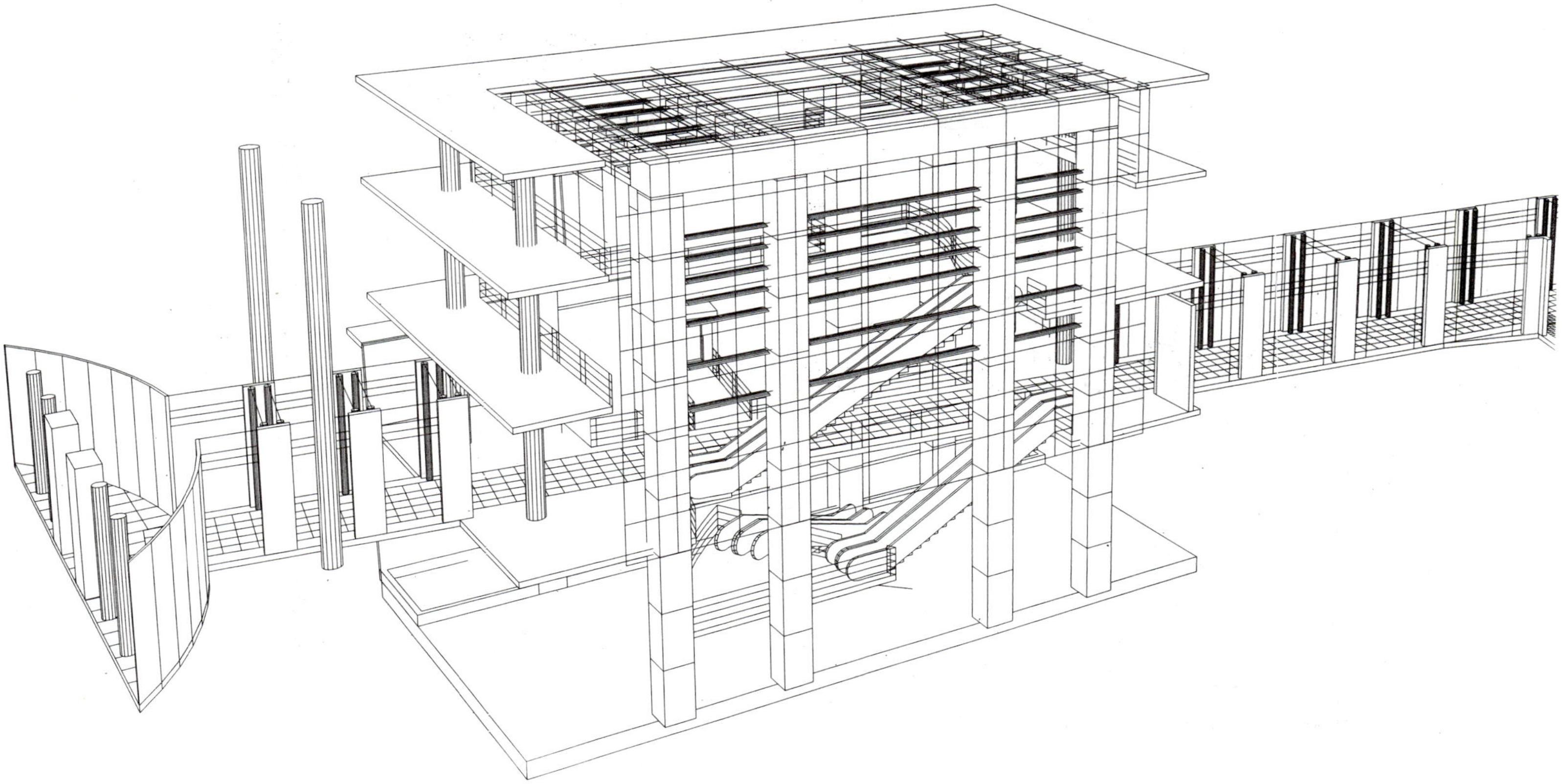

SIÈGE I.S.I.C.A., SQUARE MONTHOLON

Ces immeubles, rénovés pour la Caisse de Retraite des Professions Agro-Alimentaires ISICA, se trouvent à l'angle de la rue Lamartine, face au jardin créé sous Napoléon III par le préfet Haussmann.

Auparavant occupés par un hôtel de voyageurs, puis par le siège de la CFDT, il ont été rénovés en 1993-1994.

A l'intérieur de l'îlot, assez important, une cour jardin a été aménagée pour permettre l'éclairement des bureaux. Des parkings sur quatre sous-sols ont été édifiés, tandis que les surfaces de bureaux se développent sur 10 000 m². La cour centrale et son patio couvert par une grande verrière constituent l'espace d'accueil de ce bâtiment.

Dans ces espaces s'exprime la modernité de la reconstruction, peu visible de la rue, les anciennes façades de la fin du XIXᵉ siècle ayant été conservées. ■

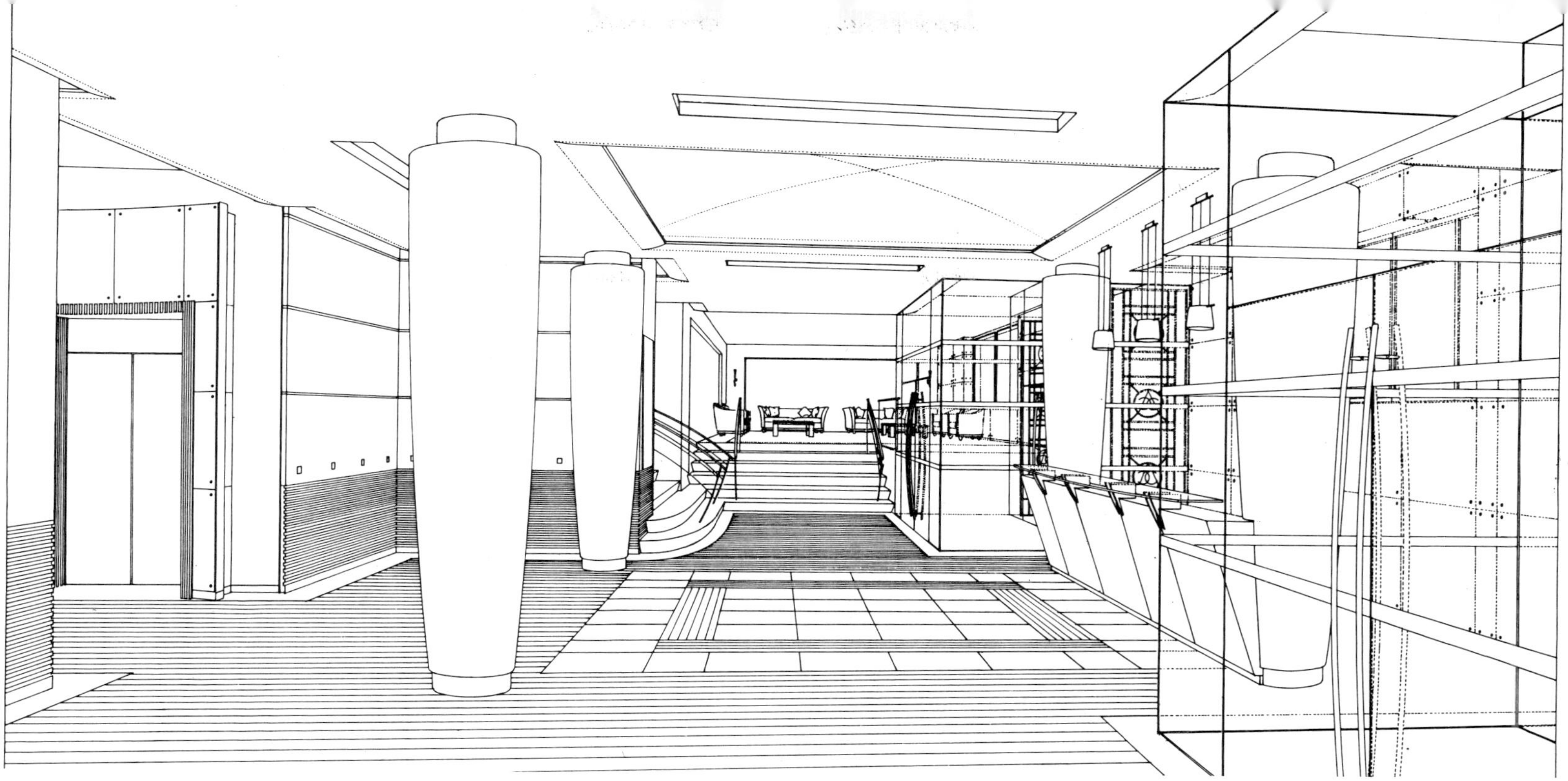

ardoise
bois
zinc naturel
R+6
R+5
R+4
R+3
R+2
R+1
RDC

HÔTEL DES AGENTS DE CHANGE, PLACE DE LA BOURSE

Situé entre la Poste et l'hôtel appartenant à la Chambre de Commerce de Paris, cet immeuble, élevé en 1927, présente une belle façade "Art Déco", exprimée par la volumétrie, les ferronneries du rez-de-chaussée, et le grand couronnement rectangulaire en forme de fronton sculpté, qui règne au niveau du comble plat.
La rénovation, entreprise en 1993 par l'Agence Ory pour les Sociétés Bac-Bail et Copra, a eu pour corollaire la restauration de cette belle façade.
Le bâtiment, occupé jusqu'en 1991 par la Société des Bourses Françaises, présentait la particularité de posséder quatre niveaux de sous-sols, remplis de coffres. Ces sous-sols ont été transformés en parkings, deux niveaux supplémentaires ont été créés. Au-dessus du rez-de-chaussée, sept étages de bureaux prennent place derrière les façades.
La restauration des éléments en pierre de taille et les sculptures s'est accompagnée d'une réfection à l'identique des baies en acier peintes de couleurs sombres, en contraste avec les maçonneries claires.
Sur les cours intérieures, les parois de briques sont également conservées et restaurées. Les nouvelles cages d'ascenseurs et d'escaliers ont fait l'objet d'une étude architecturale spécifique qui leur confère un caractère de modernité par l'introduction de structures métalliques triangulées. ■

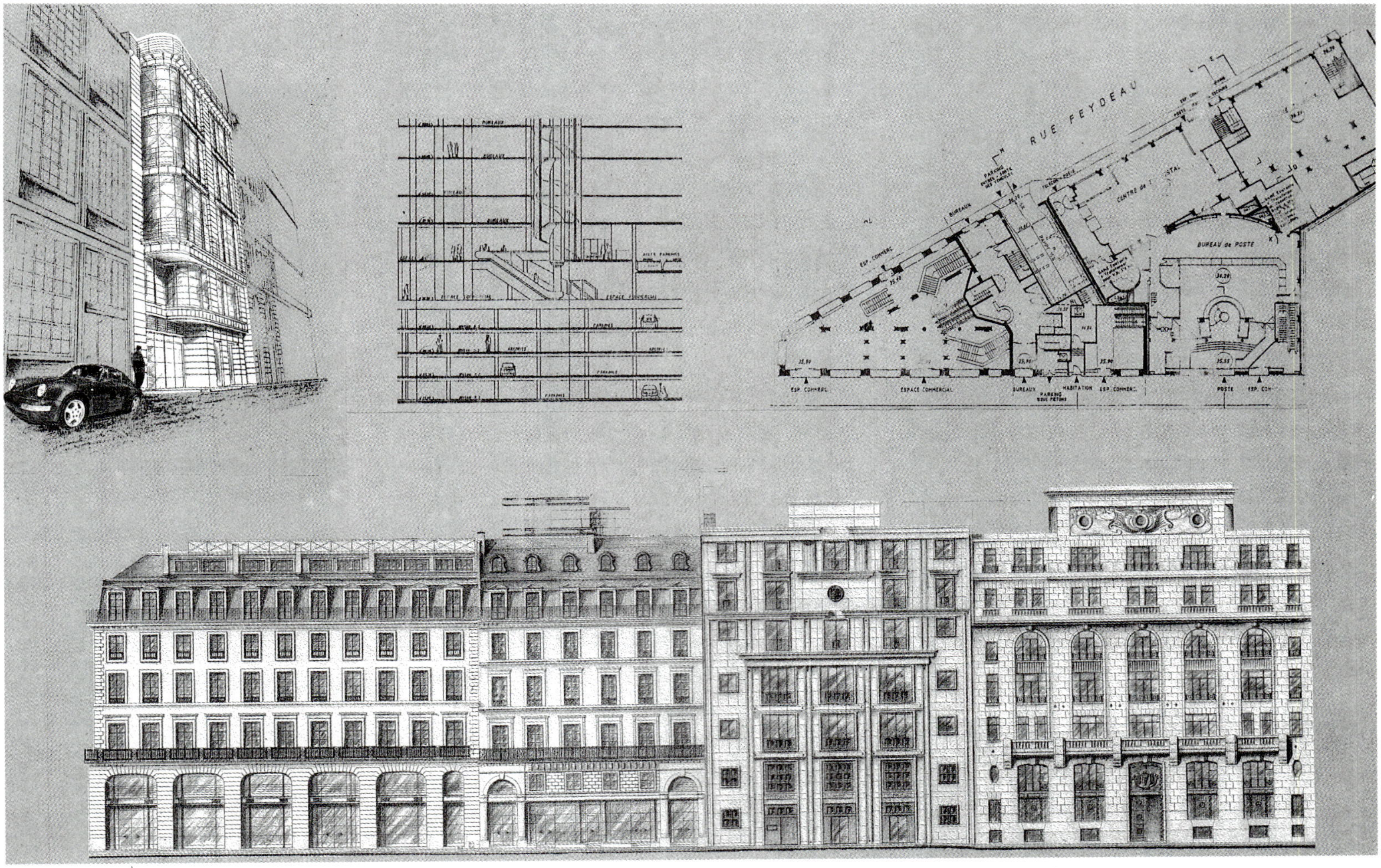
RUE FEYDEAU
BUREAU de POSTE
ESPACE COMMERCIAL
BUREAUX
HABITATION
POSTE

CENTRE D'AFFAIRES "LE VICTORIEN" (CIC)

La construction de ce vaste centre d'affaires aura été l'un des plus importants et des plus longs chantiers conduits par l'Agence au cours des années 1990-1994.

Organisé autour de cours-jardins intérieures, il est circonscrit par les rues de Provence, Taitbout, de la Victoire, et l'avenue de Provence (voie privée). Il n'occupe pas moins d'un demi-hectare au sol.

Les immeubles à l'emplacement desquels a été édifié Le Victorien avaient été construits dans les années 1900 pour les plus récents – angle rue de la Victoire – à l'époque Second Empire pour les plus anciens – rue de Provence. Il s'agit de constructions en maçonnerie et pierre de taille, les structures intérieures étant le plus souvent des charpentes métalliques.

L'ensemble de ces bâtiments, au nombre d'une douzaine, avaient été édifiés pour recevoir des bureaux de compagnies d'assurances et de banques, dans un quartier voué à ces activités depuis le milieu du XIXe siècle. Ils étaient la propriété du C.I.C. – Crédit Industriel et Commercial de Paris.

Le projet de rénovation conduit par l'Agence Ory procède d'une analyse détaillée des contraintes de site et des règlements.

Il oppose, comme très souvent en pareil cas, une image extérieure résultant de la conservation intégrale des façades, y compris les rampants de toiture au niveau des anciens combles, et une image intérieure nouvelle, procédant de la reconstruction autour des cours-jardins.

Il en résulte deux écritures architecturales qui, pour être en contraste, ne sont pas antinomiques. Ces immeubles double face font cohabiter l'image traditionnelle de la rue parisienne avec une expression contemporaine totalement libre, utilisant les matériaux et les techniques les plus récentes.

Sur les cours-jardins, les parois de verre permettent l'éclairement des bureaux jusqu'au niveau des cours anglaises, où se trouvent les différents halls d'accueil, les salles de conférences, les restaurants d'entreprises.

Le rez-de-chaussée constitue le niveau de référence ; il est accessible par trois entrées situées l'une rue de Provence, l'autre avenue de Provence, et la troisième, à l'angle des rues Taitbout et de la Victoire. Des circulations diagonales les réunissent. Elles constituent une rue privée partiellement couverte, comportant plusieurs ramifications. L'ensemble participe très largement à l'expression architecturale du bâtiment par les jeux des lumières, des transparences, des perspectives.

Jean-Jacques Ory et l'équipe animée par Gaétan de Meaulne se sont employés à créer un espace participant d'une certaine théâtralité dans la mise en scène des surfaces et des volumes.

Le Maître d'Ouvrage Cogédim et Fradim, les Bâtiments de France ont, par ailleurs, accepté la proposition qui consistait à construire à l'identique rue de Provence, un élément de façade symétrique d'une construction élevée en 1864.

Ainsi, cette aile, prévue par l'architecte sous le Second Empire, a été réalisée en 1993.

Entre ces deux en avant-corps, le porche en pierre de taille est surmonté d'une haute paroi de verre, seule manifestation, sur la rue de Provence, de l'esprit architectural régnant à l'intérieur. Ce porche cristallise un dialogue passé-présent, et constitue une image représentative du parti architectural. ■

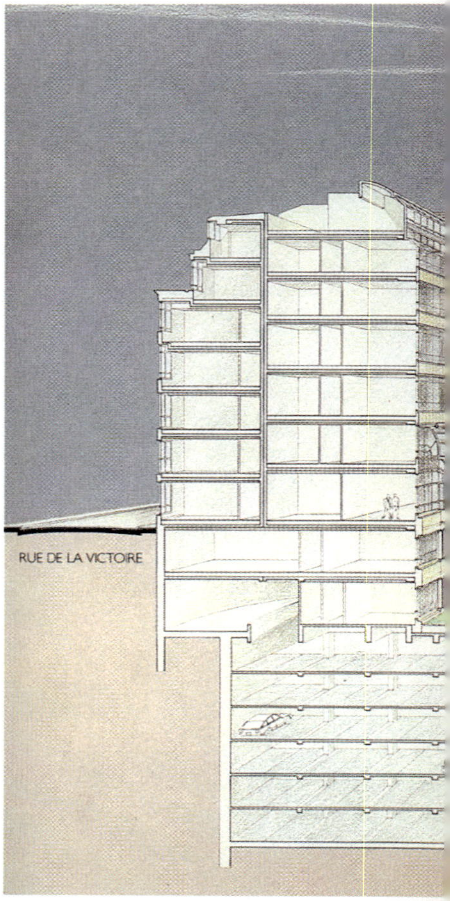

Quelques points d'histoire

De même que les rues Richier, des Petites-Ecuries, du Château-d'Eau, qui la prolongent vers l'est, des rues de la Pépinière, Roquépine et Penthièvre, qui la continuent vers l'ouest, la rue de Provence est à l'emplacement du ruisseau de Ménilmontant, devenu, à la fin du XVIIe siècle, le nouvel égout qui rejoignait la Seine à la hauteur de la place de l'Alma. A compter de 1777, on donna à cette nouvelle rue le nom du frère du roi Louis XVI, Monseigneur, Comte de Provence.

De nombreux hôtels furent bâtis, la Chaussée d'Antin étant devenue sous Louis XVI le quartier résidentiel des banquiers, des financiers, de la grande bourgeoisie, mais aussi celui des artistes et des personnalités en vue. Des architectes célèbres édifièrent ces demeures, comme l'hôtel Thélusson, bâti en 1780 par le célèbre Claude-Nicolas Ledoux. Le portail constituait un arc de triomphe de dix mètres d'ouverture. Le propriétaire en état Madame Thélusson, veuve d'un banquier genevois chez qui Necker avait été caissier...

La rue Taitbout fut ouverte à compter de 1775 par le financier-promoteur Bouret de Vézelay. Elle commença à être bordée d'hôtels particuliers dès avant la Révolution. A l'emplacement du n° 57, se trouvait une belle salle de spectacles, le Théâtre Taitbout qui ferma ses portes en 1882. Cet immeuble avait abrité aussi, en 1859, la Société Générale de Crédit Industriel et Commercial, nouvellement créée. Elle alla ensuite installer son siège social rue de la Chaussée d'antin, puis rue de la Victoire.

La rue de la Victoire existait à la fin du XVIIe siècle sous la forme d'un chemin bourbeux connu sous le nom de "ruelle des marais aux Porcherons'. Elle devint "rue Chanterelle" en 1731, puis "rue Chantereine" en 1776, par allusion aux grenouilles nombreuses dans les jardins maraîchers des environs. En 1776, on y établit les écuries du duc d'Orléans, qui habitait, rue de Provence. Le nom de "rue de la Victoire" lui fut donné le 28 décembre 1797. Sous la Restauration, elle redevint rue Chantereine, puis à nouveau rue de la Victoire en 1833. Aux numéros 58-60, l'architecte Pérard de Montreuil avait élevé, en 1776, deux hôtels dont les jardins étaient séparés par une allée au fond de laquelle s'élevait un troisième bâtiment au milieu d'un jardin. Il fut vendu à Julie Carreau de l'Opéra, qui s'y maria en 1791 avec le célèbre acteur Talma. En août 1795, la maison fut louée à Joséphine de Beauharnais qui la fit transformer. Bonaparte ayant épousé Joséphine le 9 mars 1796 vint y habiter et l'acheta l'année suivante. Il y organisa, avec son frère Lucien, le coup d'Etat du 18 brumaire (9 novembre 1799). Il quitta la rue Chantereine six jours après pour s'installer au palais du Luxembourg...

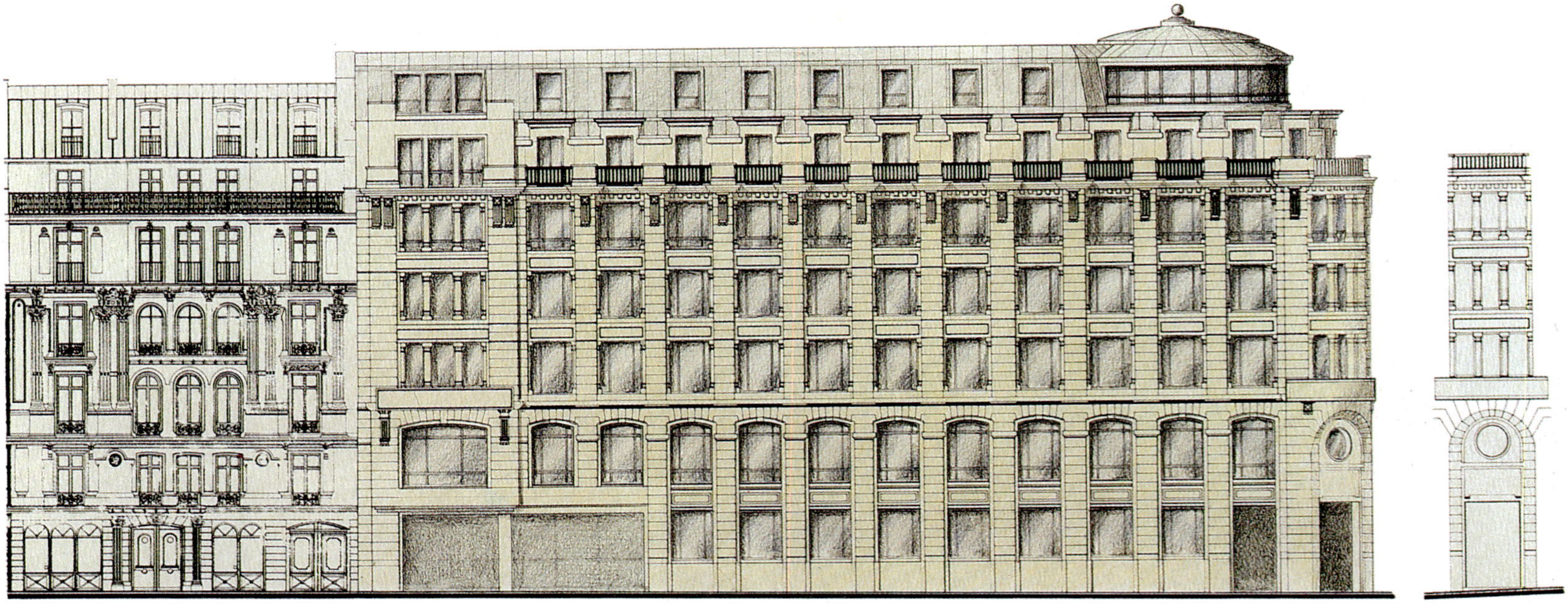

Façade sur la rue Taitbout (Elévation).

Façade sur la rue de Provence (Elévation).

Façade sur la rue de la Victoire (Elévation).

Façade sur l'Avenue de Provence (Elévation).

VILLAGE ROYAL (CITÉ BERRYER)

Cette réalisation, commencée en 1993, se situe à proximité de l'église de la Madeleine, de la rue Royale, et du faubourg Saint-Honoré. Elle a été construite par la Société Kauffman and Broad.

Elle présente la particularité encore assez rare, mais révélatrice des tendances nouvelles de l'immobilier, qui consiste à associer des appartements et des bureaux.

Dans le cadre du Village Royal, l'immeuble qui se trouve sur la rue Royale est réservé aux bureaux, cependant que les bâtiments parallèles à la voie piétonnière qui fait la jonction avec la rue Boissy-d'Anglas sont transformés en appartements. Les rez-de-chaussées sont occupés par des boutiques, de même que les petits immeubles de la rue Boissy-d'Anglas, derniers vestiges de l'ancien hameau de La Ville l'Evêque. Ces maisons soigneusement restaurées ont retrouvé leur état ancien, avec leurs façades revêtues de plâtre et leurs toits de tuiles.

Le bâtiment sur la rue Royale a fait également l'objet de patientes recherches et d'études détaillées qui ont abouti à recréer une façade de style Louis-Philippe, conforme à l'esprit d'origine, avec ses arcatures au centre, ses balcons en fonte moulée, ses boutiques de part et d'autre du porche d'entrée. Responsable du projet dans le cadre de l'Agence, Olivier Roulleau-Gallais a pris pour référence des photos montrant l'immeuble immédiatement après l'incendie de la rue Royale par les Communards en mai 1871. Il a travaillé en concertation avec la Commission du Vieux Paris, la Commission des abords, l'architecte des Bâtiments de France, très attentif à la préservation de cet espace exceptionnel.

Le projet s'appuie sur la cohérence de la Cité Berryer, en tant que fragment urbain hérité du

Quelques points d'histoire

C'est en 1726 que des lettres patentes de Louis XV accordent à Madame Henri François d'Aguesseau, MM. de Champeron et de la Vergne, l'autorisation d'installer un marché dans le quartier de La Ville l'Evêque.
En 1745, les mêmes protagonistes obtiennent l'autorisation d'installer ce marché dans un passage reliant la rue du Chemin-du-Rempart (future rue Royale) et la rue de la Madeleine conduisant depuis le faubourg Saint-Honoré vers la chapelle portant ce nom.
En 1837, on entreprit la reconstruction du marché d'Aguesseau : « Les hideuses échoppes sont démolies pour faire place à une halle couverte, tandis qu'une façade monumentale est construite sur la rue Royale » écrit Le Moniteur.
En 1839, le nom ancien de "marché d'Aguesseau" disparaît au profit de celui de cité Berryer. La propriétaire, Marie Jeanne Joséphine Berryer, veuve du comte Emmanuel-François Jeanson de Sailly, loue une partie des bâtiments pour l'installation d'un "Théâtre de Curiosités", qui deviendra par la suite le "Théâtre Royal", et sera remplacé en 1907 par l'immeuble du 25 rue Royale.
En mai 1871, tous les bâtiments de cette partie de la rue sont incendiés par la Commune.
C'est en 1877 qu'on attribue à la mémoire de Berryer (1790-1868), avocat, homme politique et républicain sectaire, né à Sainte-Méhenould, la cité qui portait déjà le même nom...
En 1876, les immeubles étaient acquis par Jules Lebaudy, célèbre raffineur de sucre ; l'un de ses descendants, le marquis de Boisgelin en était encore en partie propriétaire lorsqu'ils furent acheter en 1992 par la Société Kaufman et Broad. L'ensemble de la Cité, le marché avec ses magasins de primeurs et ses petits restaurants, avait subsisté jusqu'aux années 90. En 1987, il avait fait l'objet d'une inscription à l'Inventaire supplémentaire des sites et monuments historiques.

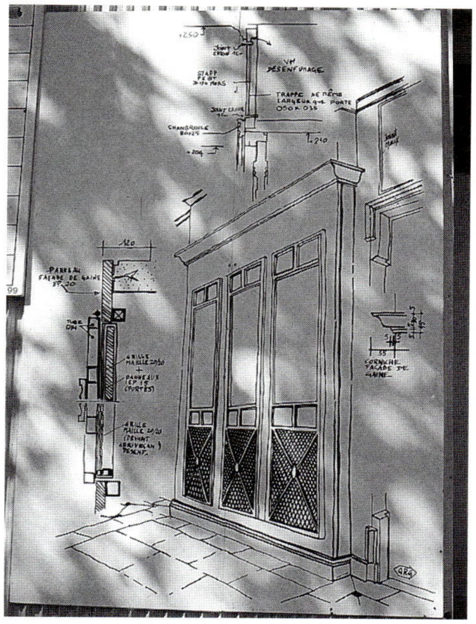

XVIIIe et du XIXe siècle pour maintenir à ce lieu de mémoire son caractère évocateur d'un ancien hameau, La Ville de l'Evêque dont il reste le seul témoignage.
Une approche intuitive du caractère du lieu a permis de dégager trois composantes architecturales principales que le projet a respecté et mis en valeur : la juxtaposition de bâtiments de volumétries et d'époques différentes ; la modestie des échelles de composition et d'espace du passage ; la variété des matériaux traditionnels, mis en œuvre avec élégance.
Ainsi, bien que la façade sur la rue Royale et certains éléments des bâtiments sur le passage aient été reconstruits, c'est avant tout la réhabilitation d'un élément important du patrimoine urbain parisien qui a été effectuée. ■

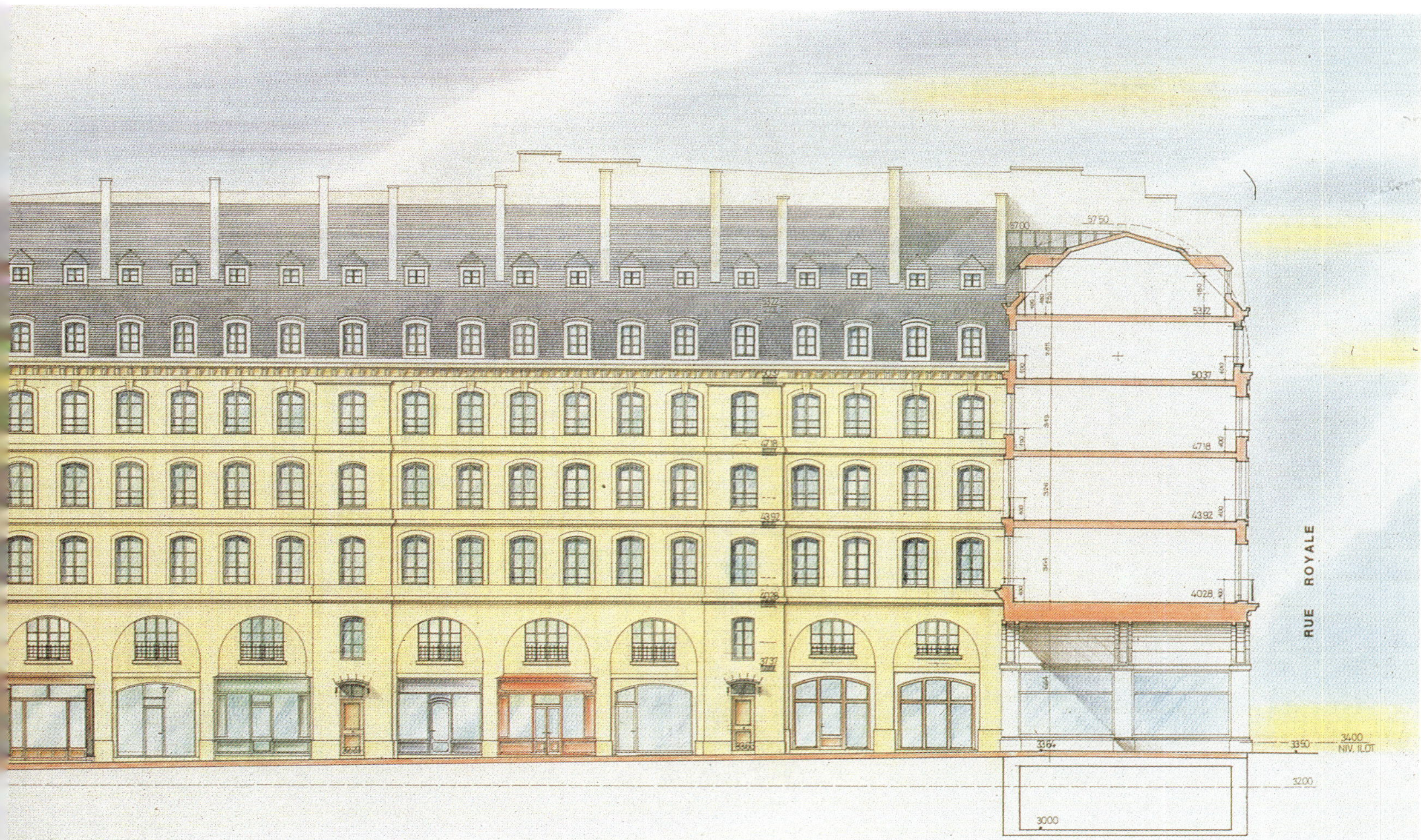

ENSEMBLE URBAIN A CASABLANCA

Cette étude élaborée au cours de l'été 1993 par J.-J. Ory et Viorel Simion, en collaboration avec le Bureau d'Etudes Serete, concerne la restructuration d'un groupe d'immeubles sans qualité architecturale particulière, réalisée dans les années 60.

La proposition consiste dans la création d'une vaste pergola régnant à la hauteur du troisième étage des immeubles abritant des espaces de déambulation et des commerces au pied des constructions existantes.

Un bâtiment nouveau important, 20 000 m², vient compléter la composition, et apporte une réponse nouvelle et originale dans un contexte climatique difficile en raison de la chaleur.

Il s'agit en effet d'un véritable "immeuble-jardin" protégé par des façades brise-soleil, l'une plate, l'autre concave ; derrière celles-ci, dans une zone d'ombre tempérée, des jardins participent à la climatisation naturelle des espaces de travail, ainsi qu'à l'agrément du paysage architectural et urbain.

Au niveau des derniers étages, une sorte de patio, aménagé en gradins-jardins successifs, complète le dispositif d'isolation de cet immeuble "climatique", pour lequel les concepteurs se sont attachés à trouver une architecture de grands claustras, interprétation moderne de l'une des constantes de l'architecture mozarabe et islamique. ■

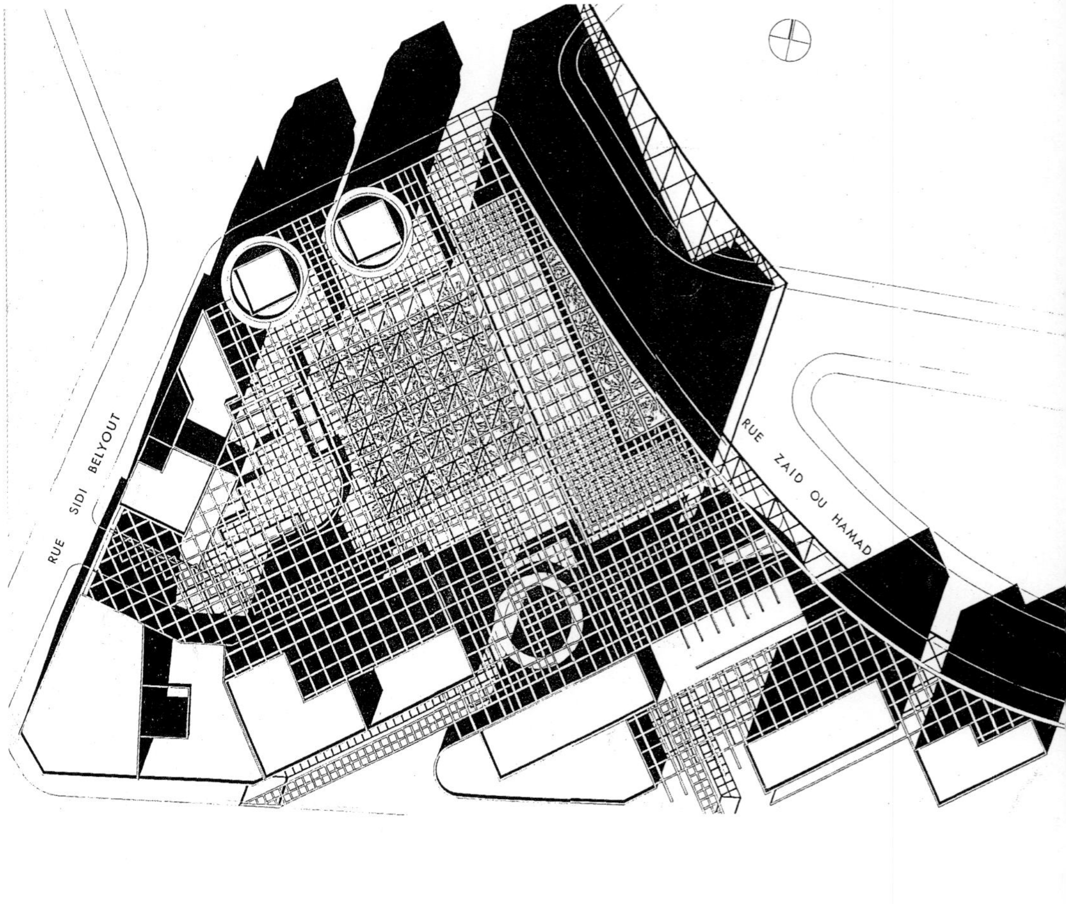

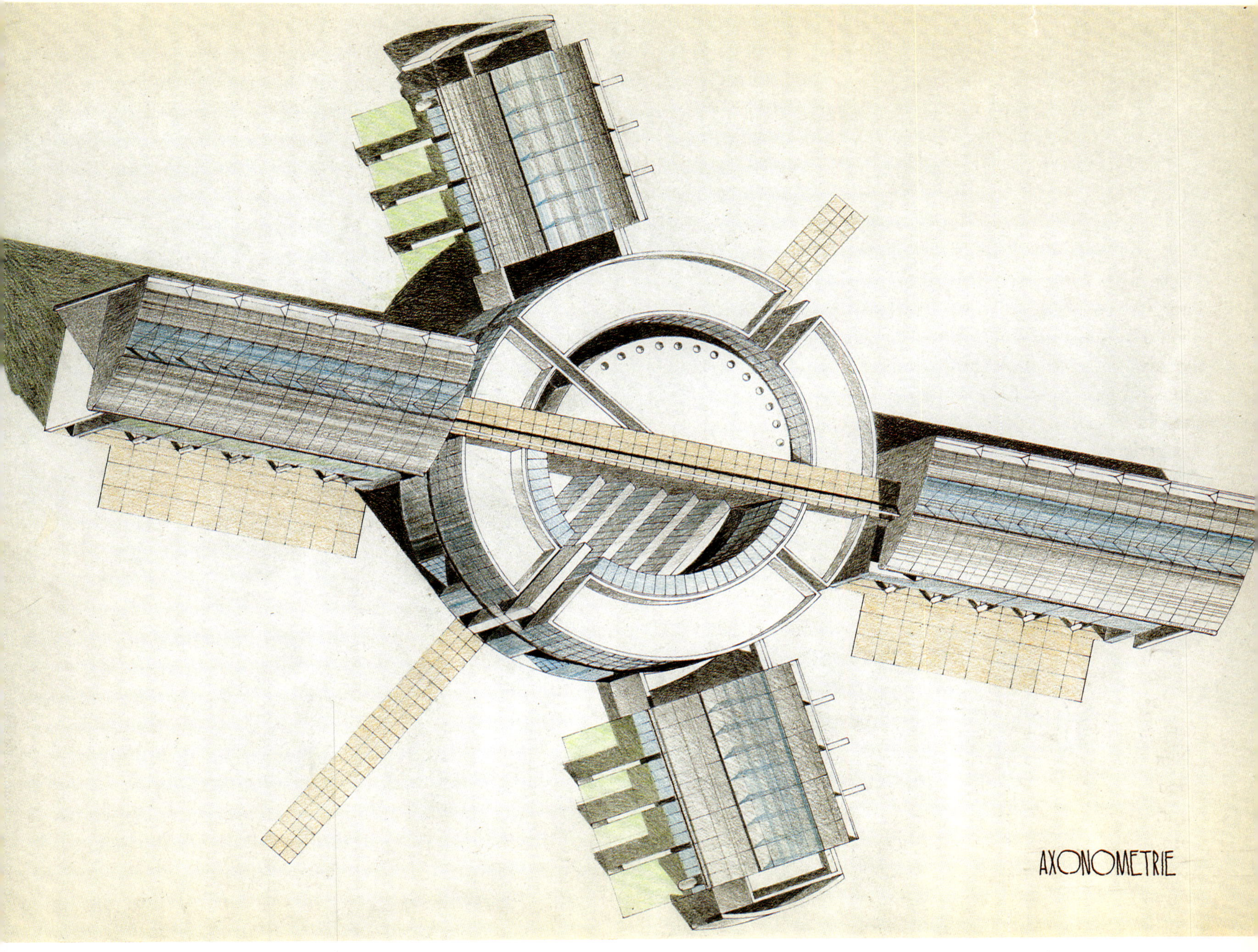
AXONOMETRIE

UN APPARTEMENT A PARIS

Dans la conception de cet appartement en duplex situé dans un immeuble des années 1930 à Paris, Jean-Jacques Ory a conçu l'organisation fonctionnelle des espaces autour d'un grand volume central régnant sur les deux étages, innondé de lumière zénithale. Ce volume se singularise par l'escalier et la mezzanine dont les ferronneries ont été dessinées dans un esprit de finesse et d'élégance. Une haute cheminée en acier martelé et les structures laissées apparentes de la charpente débanalisent les espaces.

Le bureau, les chambres, la salle à manger, la cuisine, ont été traitées dans un esprit différent, plus intime. Mais dans chacune de ces pièces, l'architecte a attaché un soin particulier à la conception de chaque détail : parquets, plafonds, luminaires, poignées de portes et portes, meubles dessinés spécialement.
Une écriture plastique cohérente qui oppose la rigueur géométrique de certains composants au baroquisme aimable et élégant de certains autres. ■

RUE PAUL-BERT A BOULOGNE

RUE BLOMET A PARIS

Ces réalisations s'inscrivent dans la série des petits immeubles d'habitation construits par l'Agence au cours des dernières années. Elles ont été conduites par la Société Eurogim.

La résidence Paul-Bert située à proximité de la mairie de Boulogne, édifiée dans les années 30 par les architectes Tony Garnier et Debat-Ponsan, avec le concours de Jean Prouvé, se devait d'être en dialogue avec le bâtiment municipal. Son architecture constitue une référence et un hommage aux meilleurs créateurs du Mouvement Moderne qui furent nombreux à travailler à Boulogne, entre 1920 et 1937 : Pingusson, Lurçat, Le Corbusier, Mallet-Stevens, Patou, Fischer, Perret...

Les courbes de la façade, les balcons constitués de trois profils tubulaires reliés par des ponctuations et épousant scrupuleusement le nu de la partie supérieure de l'allège ; les fines toitures terrasses terminées en rotonde, reposant sur un poteau cylindrique, autant d'éléments qui concourent à cette filiation esthétique et conceptuelle.

L'immeuble réalisé rue Blomet à Paris sur une parcelle très étroite procède d'une adéquation au voisinage immédiat, mais affirme par ses géométries un parti contemporain. ■

RÉNOVATION DE LOGEMENTS, RUE DE LA FONTAINE

La construction d'un immeuble entre mitoyens, sur une parcelle restreinte dans des voisinages souvent hétérogènes, est aujourd'hui un type de programme fréquemment soumis aux architectes, qu'il s'agisse de réalisations dans les arrondissements périphériques, dans les villes de banlieue ou en province.
Ce type de réalisation est aujourd'hui un sujet de recherches passionnant pour les concepteurs.
Jean-Jacques Ory, dont la culture architecturale parisienne a été acquise aux meilleures sources, propose aujourd'hui des solutions plastiques qui inscrivent sans outrance ces nouveaux immeubles dans leur environnement tout en affirmant de façon claire, par le choix graphique, les modénatures, les matériaux, les profils, les géométries, leur esprit et leur aspect contemporain.
Divers programmes de réhabilitation d'immeubles d'habitation élevés dans les années soixante, et dont il faut aujourd'hui faire oublier l'indigence formelle, vont dans le même sens et sont une nouvelle source de réflexion et de proposition pour les architectes, qui, à travers ces réhabilitations, peuvent ainsi espérer gommer du paysage urbain les erreurs les plus flagrandes... ■

IMMEUBLES D'HABITATION A PARIS, ÉTUDES ET RECHERCHES

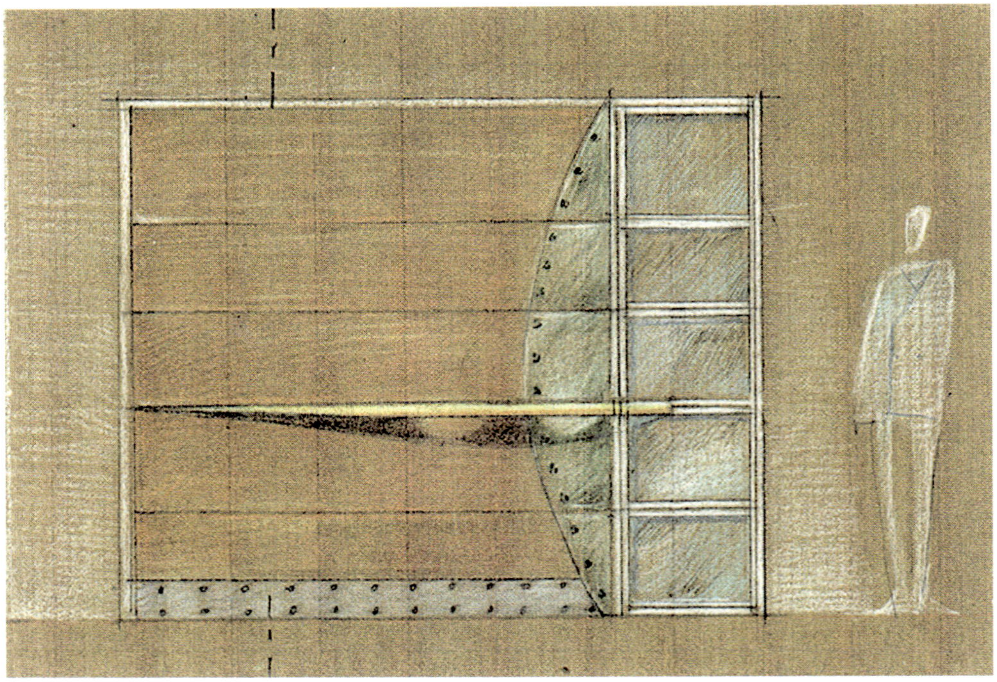

UN CENTRE CULTUREL POLYVALENT

Une étude effectuée en 1991-1992 pour un centre culturel polyvalent, situé dans l'environnement boisé et protégé d'un parc. Le parti urbanistique et architectural proposé au maître de l'ouvrage se caractérise par l'extrême discrétion des bâtiments en ce qui concerne leurs volumes apparents. L'essentiel des équipements prévus – salles de concert, de projection, de conférence, de congrès et galeries d'exposition – prenaient place dans un grand espace, invisible derrière de hauts talus engazonnés. Une vaste verrière horizontale, occupant tout l'espace central, permettait de donner aux volumes fonctionnels intérieurs un éclairement naturel. L'entrée se faisait à travers une sorte d'avant-cour d'honneur, des rampes de faible pente conduisant aux deux niveaux d'accès. Le volume architectural central était prolongé par un jardin dans l'esprit des perspectives ordonancées caractéristiques de la tradition française. ■

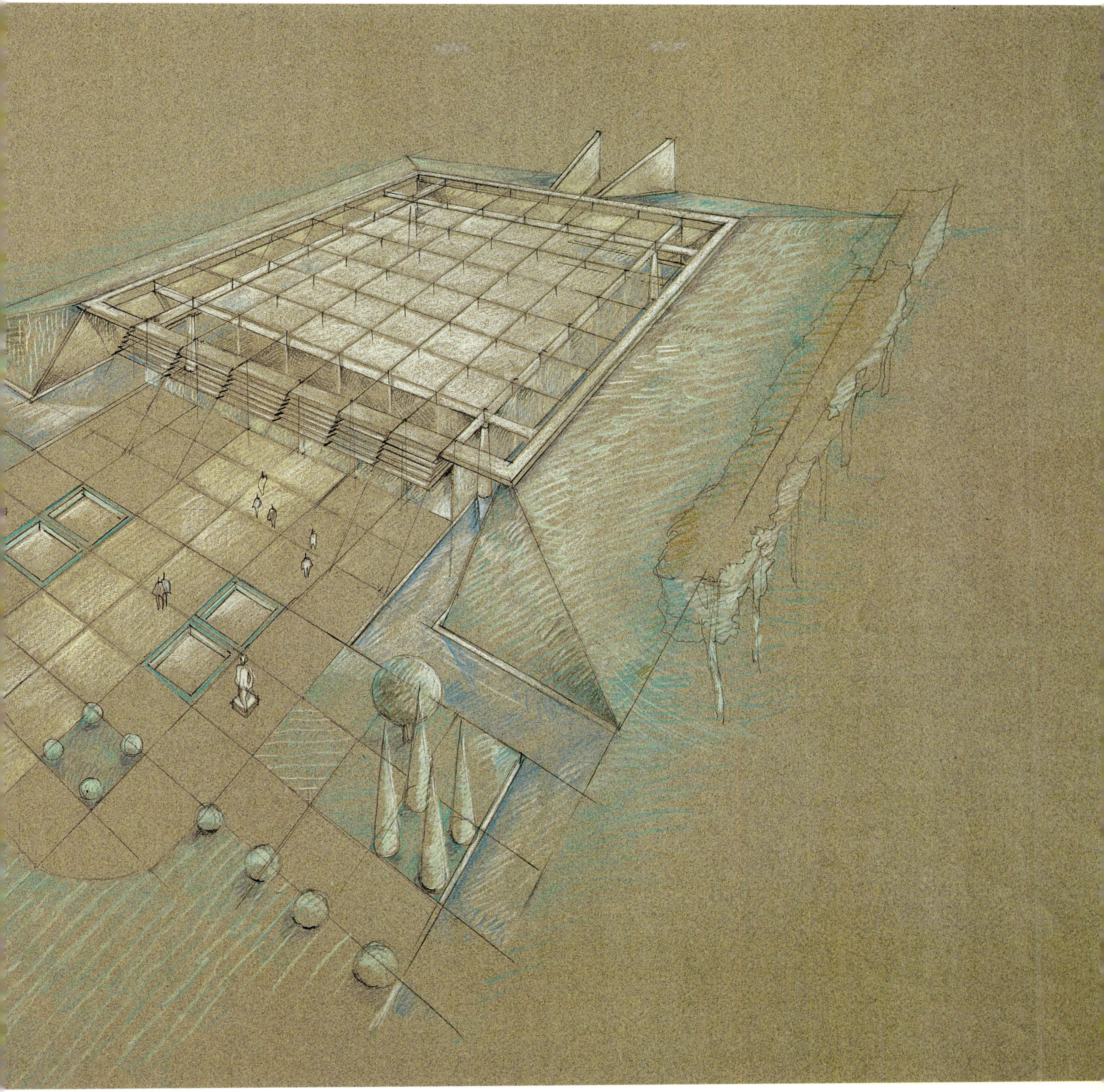

RÉSIDENCE POUR ÉTUDIANTS, RUE PATAY

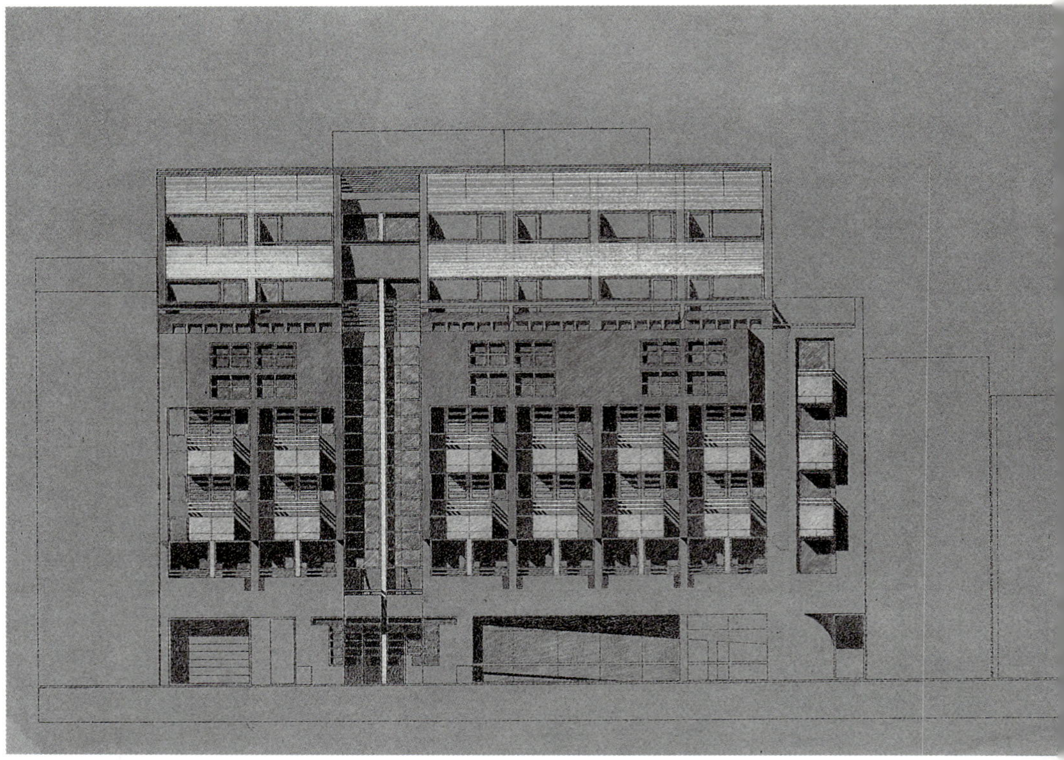

Cet ensemble, dont la construction est envisagée par la société "Coprim Résidences", est destiné à abriter une résidence pour étudiants, comprenant des studios, des services communs, ateliers, salons, cafeteria...

Le périmètre est une longue bande de terrain le long d'une ruelle, bordée sur un côté de maisons individuelles et de jardinets typiques des "villas parisiennes" du début du siècle, et qui seront conservées, tandis qu'un jardin sera créé en vis-à-vis au pied de la résidence, qui s'étendra de la rue Patay à la rue Dessous-des-Berges.

Les bâtiments en cœur d'îlot comporteront des duplex ouvrant sur les jardins, les bâtiments sur rue des studios traditionnels et des duplex sous les combles, lesquels sont conçus comme des coques curvilignes répétant le profil des toitures en zinguerie parisienne, et les hautes lucarnes, des ateliers d'artistes, si nombreux sur la rive gauche et dans le XIIIe arrondissement.

Le parti architectural procède d'une heureuse combinaison des éléments constructifs dans lesquels dominent les briques rouges, dans un appareillage régulier bien caractéristique aussi de la tradition parisienne, brillamment manifestée dans les années "Art Déco", et les éléments d'aluminium laqué blanc, le dessin général des façades et des ouvertures jouant sur la simplicité formelle, en recherchant cependant une débanalisation du volume construit par la qualité de la notation architecturale et plastique. ■

ETUDE POUR LE SITE INDUSTRIEL RENAULT A BILLANCOURT : "L'ILE DU CINÉMA"

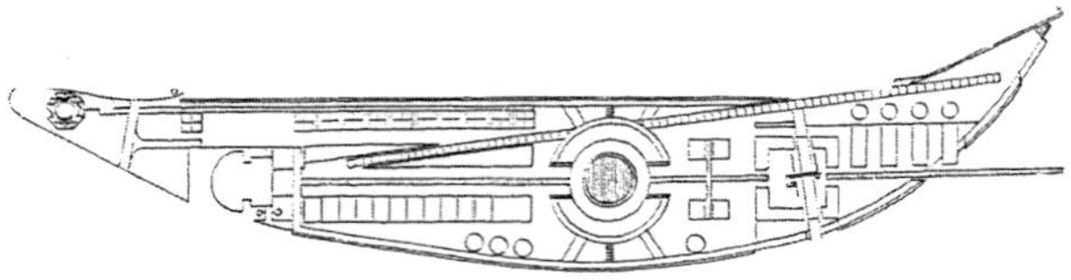

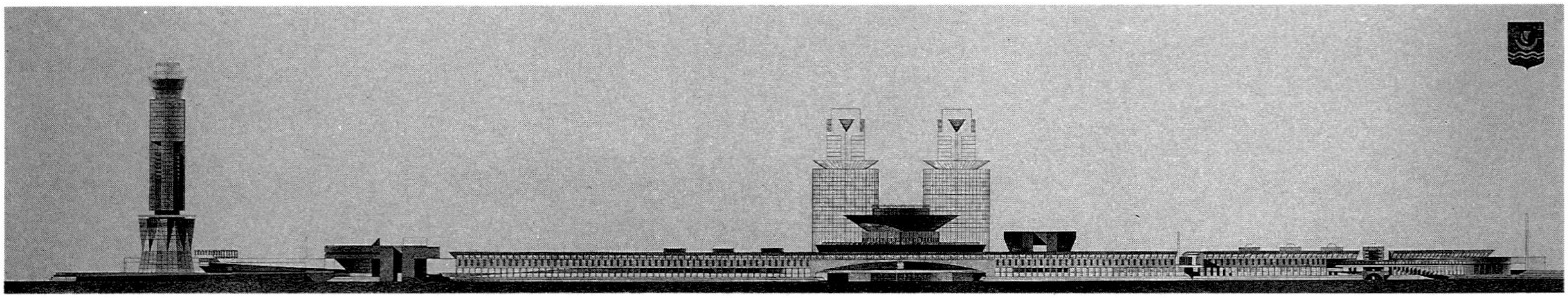

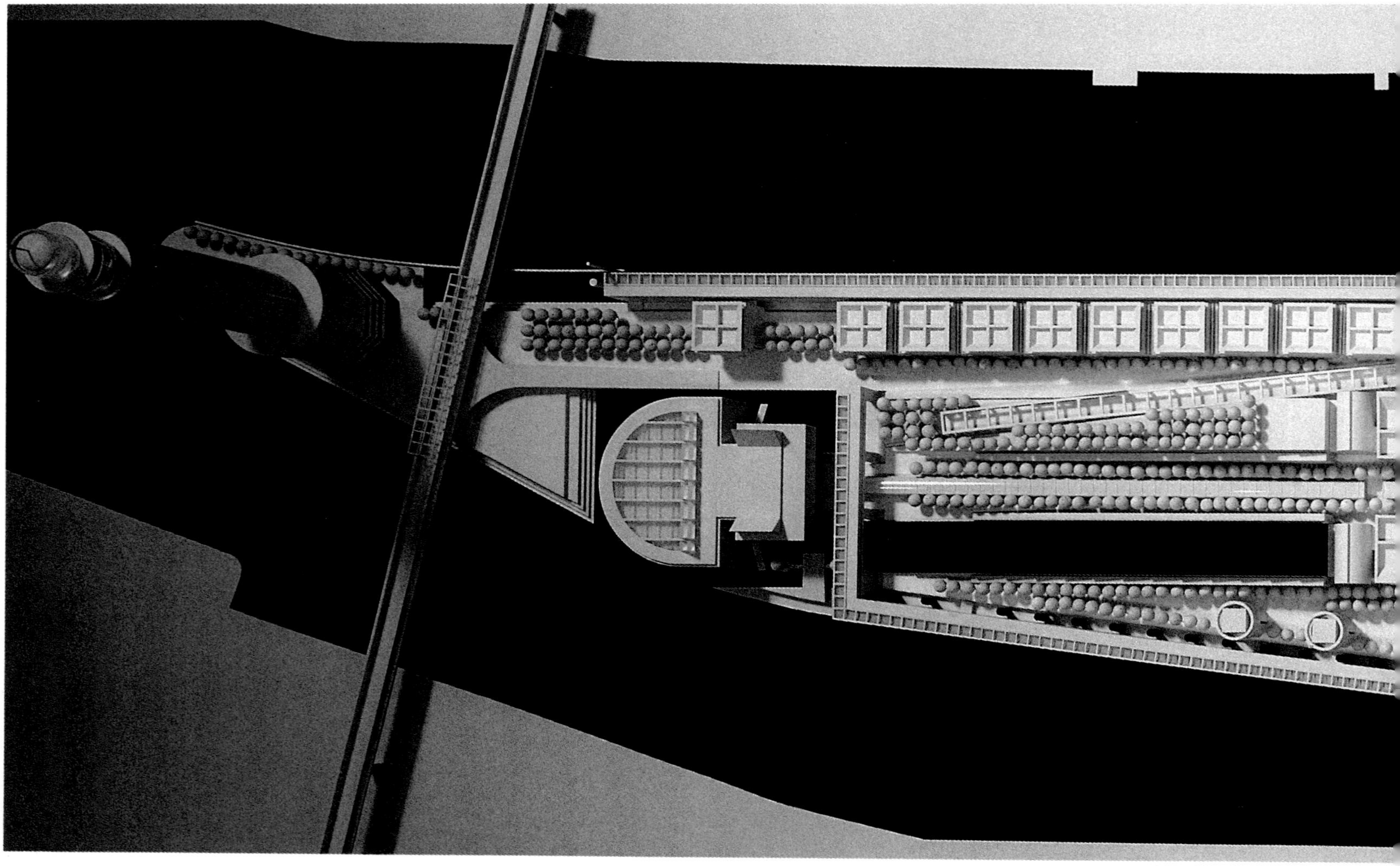

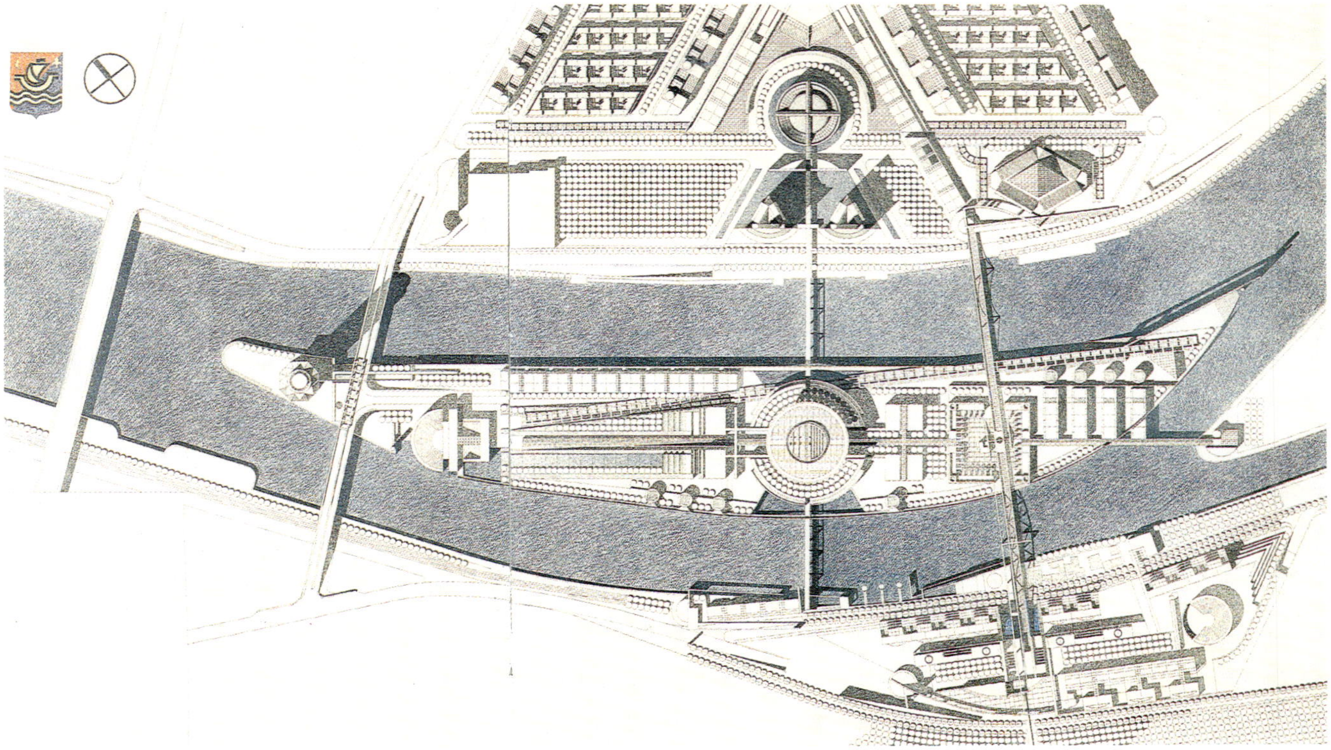

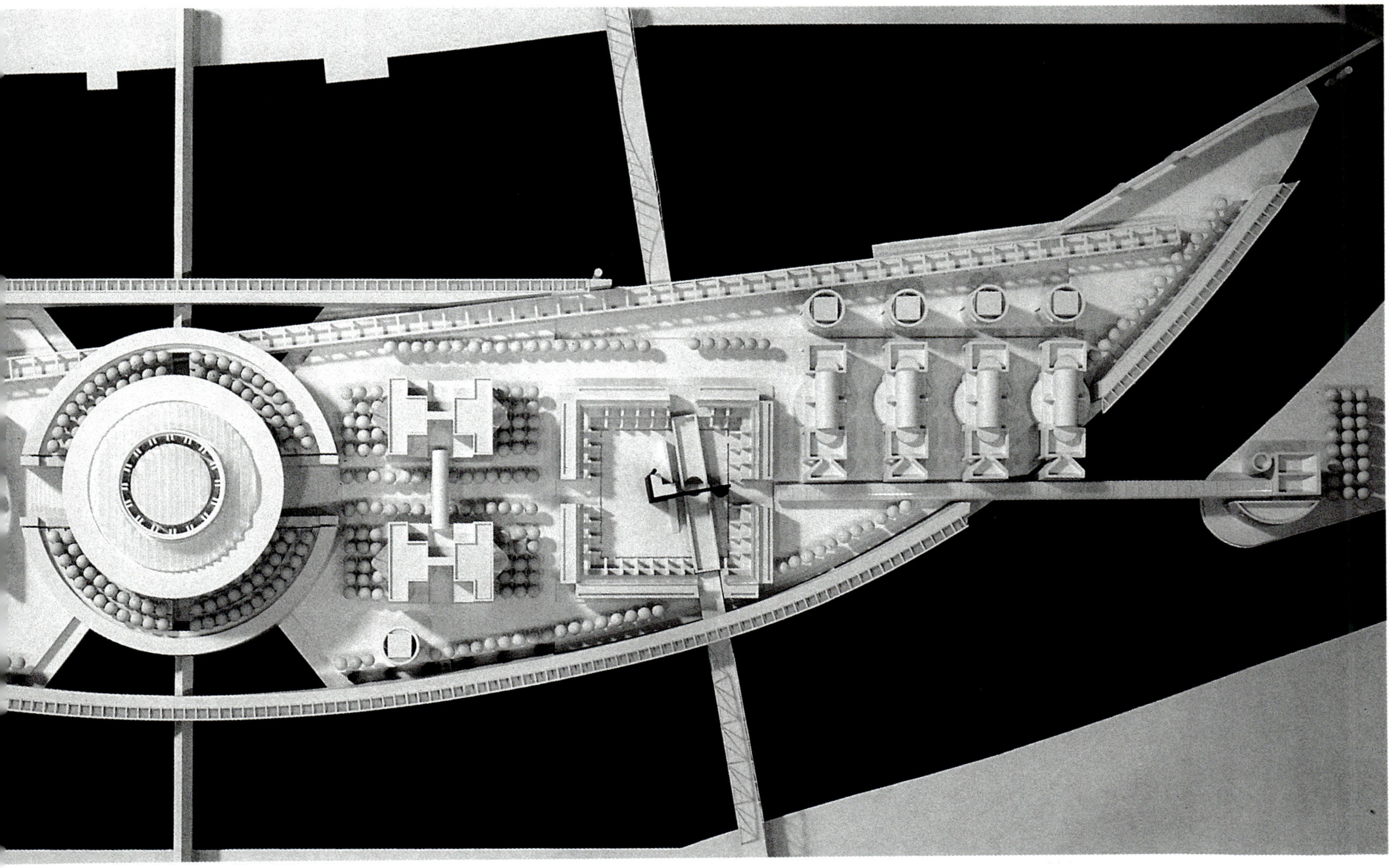

Cette étude, dont le programme avait été défini par Jean-Jacques Ory et son équipe en 1990, comme un challenge capable de stimuler la créativité de l'Agence, fut présentée à la presse en juin 1991. Depuis lors, d'autres projets sont apparus – et apparaîtront encore – car cet espace immense provoque l'imagination des paysagistes urbanistes et architectes, il constitue en effet l'un des plus beaux sites de l'Ile-de-France.

Cette étude conçue librement, comme un exercice de création, contient un certain nombre d'idées urbaines, d'éléments de programme qui seront probablement pris en compte et développés par les aménageurs futurs.

Le projet prend pour base et pour centre l'île Seguin qui constitue l'élément le plus prestigieux et le plus visible du complexe industriel créé par Louis Renault.

Avec une surface au sol de 115 600 m², elle est plus vaste que l'île Saint-Louis (7 hectares) mais plus petite que la Cité (17 hectares).

Il importe de lui conserver son caractère d'insalubrité et son image de paquebot à l'ancre, tout en la rattachant aux rivages de Boulogne et de Meudon.

Dans ce projet, J.-J. Ory et son collaborateur Viorel Simion avaient proposé une organisation urbaine et architecturale autour d'un axe central, grand mail piétonnier d'environ 1 100 mètres autour duquel gravitent les principaux équipements.

Du côté de l'aval, cette avenue commence à proximité d'un nouveau pont situé à l'emplacement du vieux pont de Sèvres.

Au centre de l'île, un second axe transversal sous la forme de deux ponts pour piétons, assure la liaison avec les nouveaux quartiers de Billancourt, en rive droite, côté Boulogne, le pied des coteaux de Meudon en rive gauche à partir duquel un funiculaire permet d'accéder à la terrasse de Bellevue.

Les ponts construits par Louis Renault pour mettre en communication les divers sites industriels, sont inscrits dans l'histoire du site ; conservés et réhabilités ils constituent le troisième axe rive droite-rive gauche tandis que le bras de la rivière qui sépare les îles Seguin et Saint-Germain, serait franchi par une passerelle piétonne.

L'histoire du cinéma français s'étant très largement écrite à Boulogne-Billancourt, elle pourrait se poursuivre dans l'île Seguin.

C'est pourquoi dans le programme qu'ils avaient imaginé, les architectes avaient prévu un Palais des Festivals, dédié à la mémoire d'Abel Gance. C'était l'élément central d'un ensemble d'équipements qui permettaient de créer une véritable Ile du cinéma, avec des salles de toutes capacités, une bibliothèque du cinéma et des scénarios, un musée de l'affiche et des décors, etc. Dans le projet, le complexe "palais des festivals-espace-cinéma" était associé à des plateaux de tournage et post-synchronisation, à des ateliers de décors.

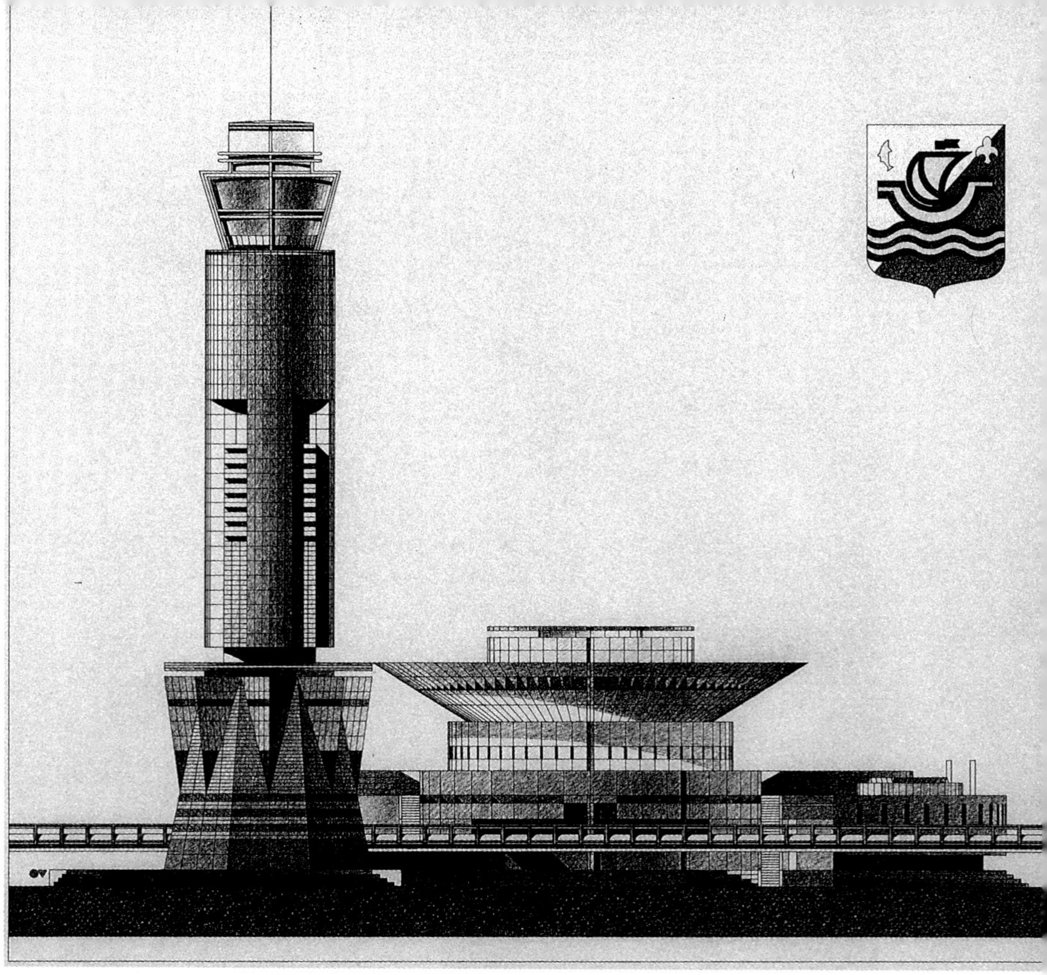

De part et d'autre du mail central, près du Palais des Festivals, était prévu un "Panorama Louis-Renault", véritable lieu de mémoire du site et de l'industrie automobile à Boulogne-Billancourt, évoquant à la fois l'aventure personnelle du créateur du site industriel de Billancourt et l'histoire de la Régie Renault.

A l'intersection de l'axe transversal matérialisé par les ponts existants, une place porterait le nom d'Armand Seguin, qui a laissé son nom à l'île et qui fut le premier industriel à s'y installer entre 1795 et 1820.

Afin de conserver à l'île Seguin son identité, les architectes avaient envisagé la reconstitution de la plus grande partie de cette longue façade périphérique si caractéristique du site industriel. L'image de cette grande coque de béton percée de longs bandeaux horizontaux, qui donnent à l'île Seguin son allure singulière de grand transatlantique à l'ancre, était ainsi conservée dans une nouvelle fonction : une ligne de bâtiments d'habitation.

Ces longues façades sur Seine seraient interrompues par la présence d'embarcadères, l'émergence des jardins et des rues intérieures.

Au pied des immeubles, on trouverait un quai promenade et des berges basses plantées.

Sur le petit bras de la rivière, côté Meudon, des plages, des accostages, des restaurants au bord de l'eau, redonnerait au site sa vocation d'antan à l'époque des guinguettes.

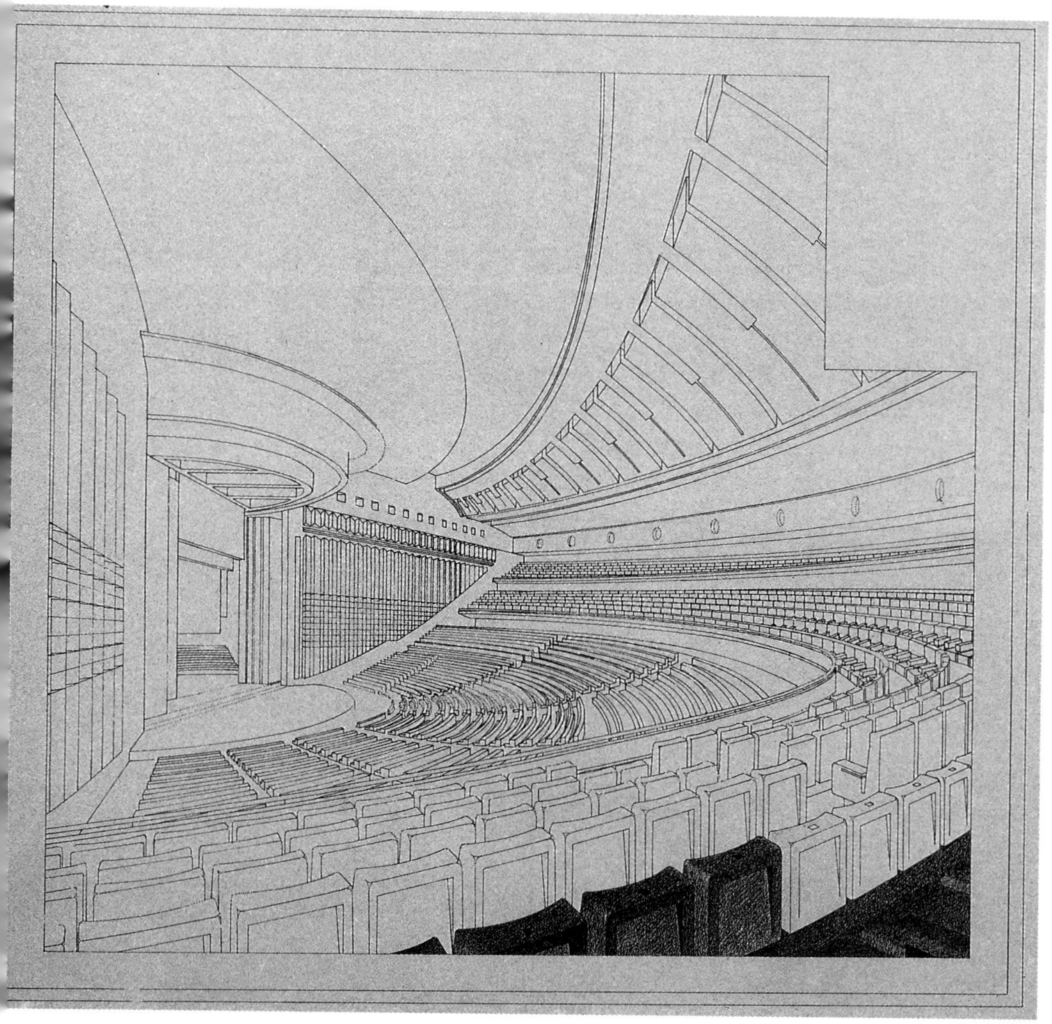

Sur la rive droite, à Boulogne, la Régie Renault occupait plus de 40 hectares. A cet emplacement, le projet prévoyait la création d'un quartier d'habitation se raccordant à la trame urbaine existante composé d'immeubles de hauteur moyenne ordonnancés le long des rues, ruelles et jardins.

Cette occupation de l'espace permettait de retrouver une notion de continuité urbaine, qui fait la cohérence et le charme des quartiers anciens. Une importante place Louis-Renault matérialisait les axes majeurs.

Le réaménagement en cours des berges rive gauche, la création du tramway entre Issy et la Défense, le site exceptionnel des coteaux de Meudon, en belvédère sur la Seine, laissent penser que ce coteau peut devenir un lieu privilégié pour l'habitation, avec des immeubles gradins-jardins, des espaces plantés, des promenades sur berges.

Sur le petit bras de la rivière, face à l'île Seguin, serait établi un port de plaisance, des plages, piscines, guinguettes, bateaux-restaurants, de manière à créer l'équivalent des lieux aimables de jadis.

Le Bas-Meudon redeviendrait alors ce pays d'aubergistes bienveillants, de chalets-restaurants verts et bleus, qu'évoquaient il y a un siècle les peintres Albert Lebourg, Stanislas Lépine ou Firmin-Girard, qui avaient donné à l'île Seguin le nom d'île enchantée. ■

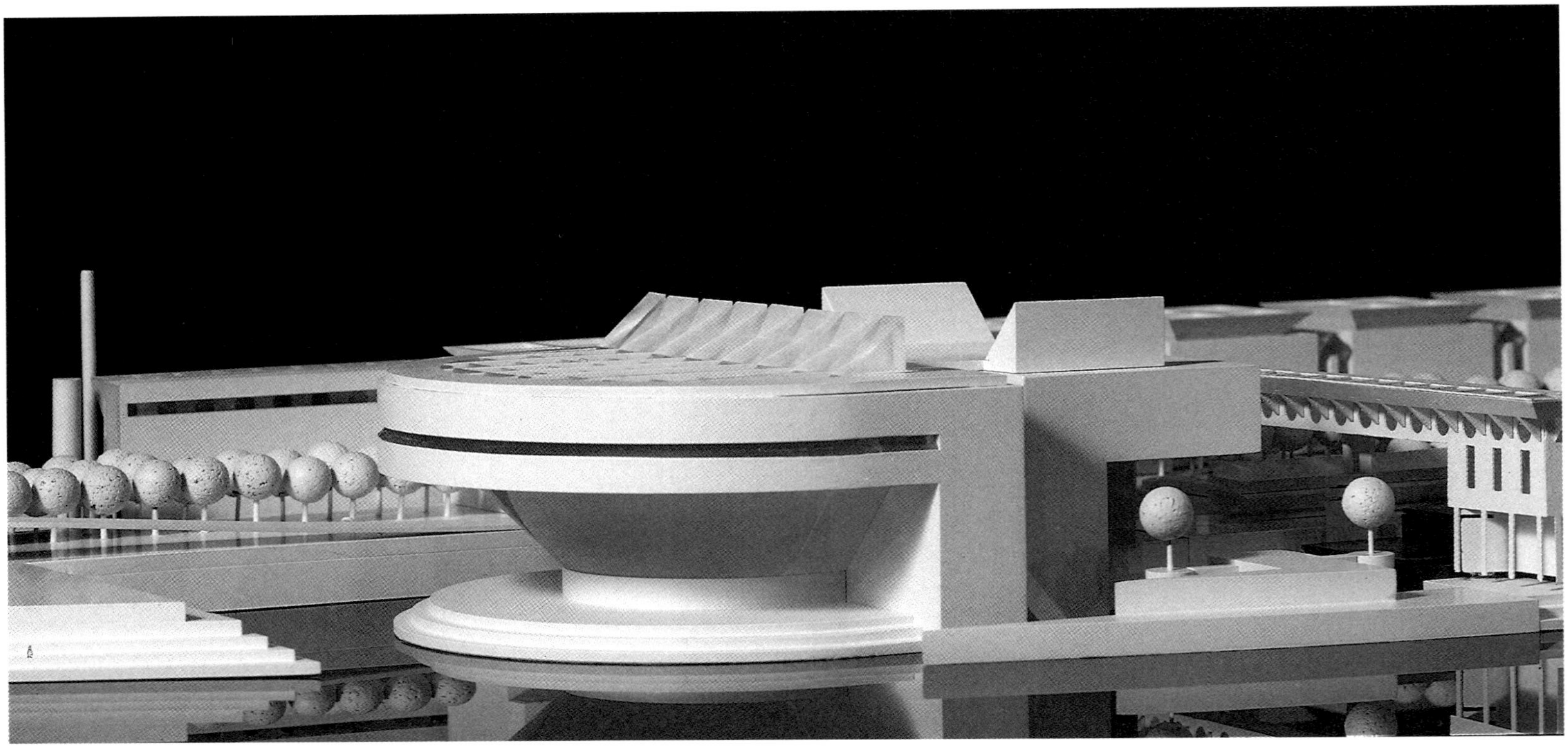

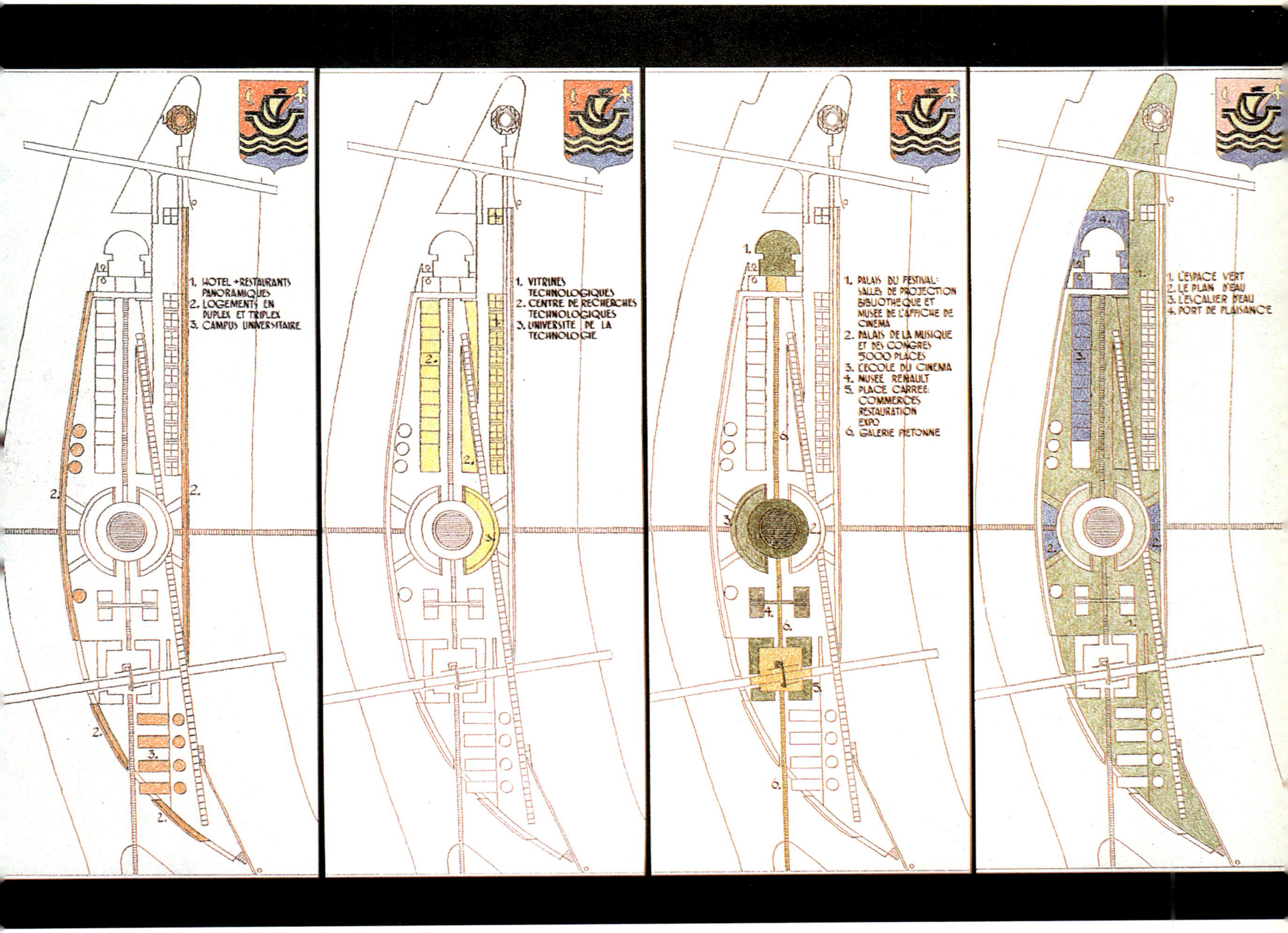
1. HOTEL + RESTAURANTS PANORAMIQUES
2. LOGEMENTS EN DUPLEX ET TRIPLEX
3. CAMPUS UNIVERSITAIRE
1. VITRINES TECHNOLOGIQUES
2. CENTRE DE RECHERCHES TECHNOLOGIQUES
3. UNIVERSITE DE LA TECHNOLOGIE
1. PALAIS DU FESTIVAL: SALLES DE PROJECTION BIBLIOTHEQUE ET MUSEE DE L'AFFICHE DE CINEMA
2. PALAIS DE LA MUSIQUE ET DES CONGRES 5000 PLACES
3. L'ECOLE DU CINEMA
4. MUSEE RENAULT
5. PLACE CARREE: COMMERCES RESTAURATION EXPO
6. GALERIE PIETONNE
1. L'ESPACE VERT
2. LE PLAN D'EAU
3. L'ESCALIER D'EAU
4. PORT DE PLAISANCE

Face à la plaine de Billancourt, au pied des collines de Meudon et de Sèvres, trois îles occupaient jadis le lit de la Seine. L'île Saint-Germain à l'amont appartenait à l'abbaye de Saint-Germain-des-Prés d'où son nom. L'île de Monsieur à l'aval, face au parc de Saint-Cloud et à la Manufacture de Sèvres, fut rattachée à la rive gauche en 1820. C'était une île de neuf hectares pour laquelle Le Nôtre avait dessiné un jardin.
L'île Seguin portait avant la Révolution le nom d'"Ile Dauphine". La construction du premier pont de Sèvres décidée par Louis XIV en 1684, un pont en bois à vingt et une arches, s'appuya sur l'île Dauphine. Napoléon décida de remplacer le pont de bois par un ouvrage en maçonnerie ; commencé en 1808, il fut ouvert à la circulation en 1820, à l'emplacement de l'ouvrage actuel construit en 1960-63.
La présence du premier pont de Sèvres provoqua l'installation de fabriques dans l'île Dauphine. Les tanneries et manufactures d'Armand Seguin s'y implantèrent en 1795. En 1820, après leur fermeture, l'île retourna à l'état sauvage, mais elle porta désormais le nom d'Armand Seguin.
L'accès en était difficile. Les peintres l'adoptèrent, tels Achille Etna Michalon et Jean-Baptiste Langlacé, Jean-Lubin Vauzelle, Constant Troyon, Paul Huet, Bacler d'Albe, Théorodre Rousseau, Achille Dévéria, Delacroix, Bonnington, etc. Jusqu'au début du XXe siècle, l'île Seguin, l'île Saint-Germain et le Bas-Meudon attirent les artistes.
A partir des années 1932 Louis Renault, dont les usines occupaient déjà à Boulogne une quarantaine d'hectares procéda à l'acquisition de l'île Seguin qui fut remblayée avec des millions de mètres cubes de gravats afin de la rendre moins vulénrable aux innondations. D'immenses halls de fabrication, souvent sur plusieurs niveaux, occupèrent peu à peu tout l'espace disponible. L'île fut reliée à Boulogne et à Meudon par deux ponts privés. Les chaînes de fabrication de la Régie Renault cessèrent de fonctionner en mars 1992.

PROJET POUR LE BUNDESTAG A BERLIN

Le parti urbanistique et architectural proposé par Jean-Jacques Ory et son équipe pour l'aménagement de la boucle de la Sprée à Berlin, résulte du concours international organisé en 1993.
Quelque 800 équipes internationales avaient participé dans un premier temps à cette consultation. Une dizaine de projets furent retenus par le jury pour la seconde phase, dont celui de l'Agence Ory.
Le site est prestigieux, en plein centre ville autour de l'ancien Reichstag dans un environnement de jardins et de parcs.
L'objectif poursuivi par la Ville de Berlin est d'installer un nouveau Bundestag, autour de l'ancien palais du Parlement incendié en 1933, partiellement restauré et reconstruit après la guerre.
L'installation du nouveau Parlement est proposée à cet emplacement comme un symbole de la réunification de l'Allemagne.
Au total, il s'agissait de prévoir dans un périmètre d'une quinzaine d'hectares, la construction de plusieurs bâtiments représentant environ 185 000 m² de surface pour le Bundestag, le Reichstage, la Chancellerie Fédérale et d'autres services officiels.
Dans le projet Ory, une grande esplanade était prévue devant l'ancien Reichstag, deux grands bâtiments de 160 mètres de haut, curvilignes, délimitant les extrémités de cette perspective sans fermer visuellement les espaces.
Dans la boucle de la Sprée, un grand labyrinthe créait un point singulier en belvédère, sur l'environnement.
L'ordonnancement du projet urbain évoquait dans sa rigueur la composition néo-classique de l'ancien Berlin. Les deux grands bâtiments de 160 mètres d'élévation l'un à l'Est, l'autre sur l'Ouest, symbolisant la nouvelle Allemagne réunifiée. ■

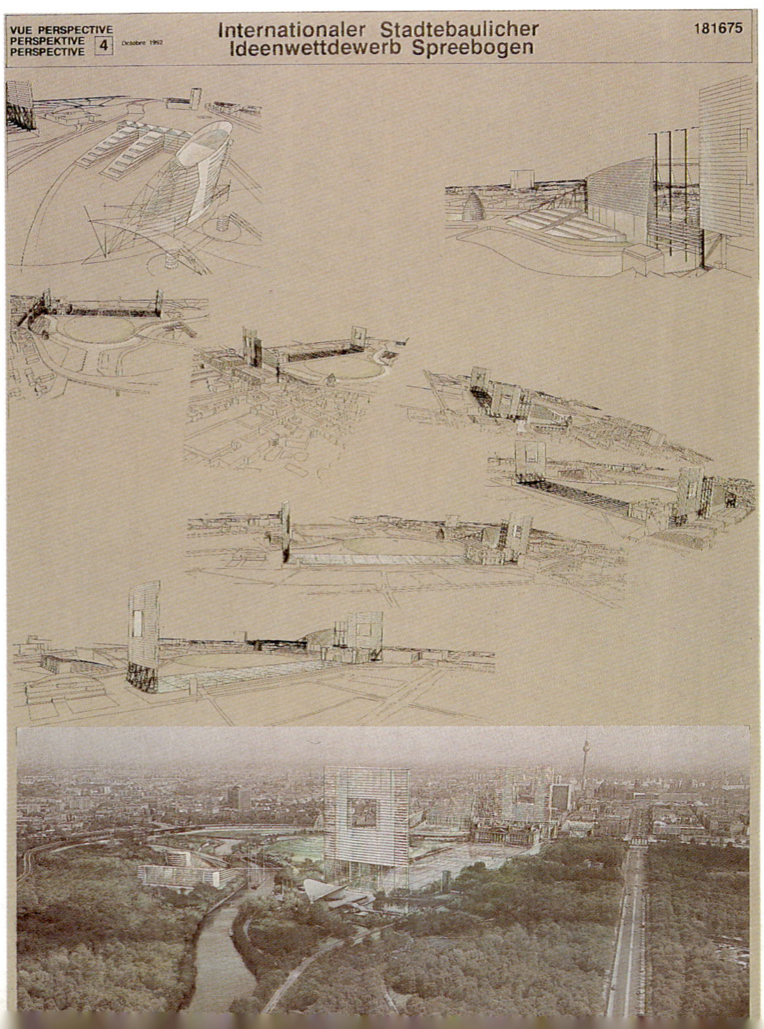

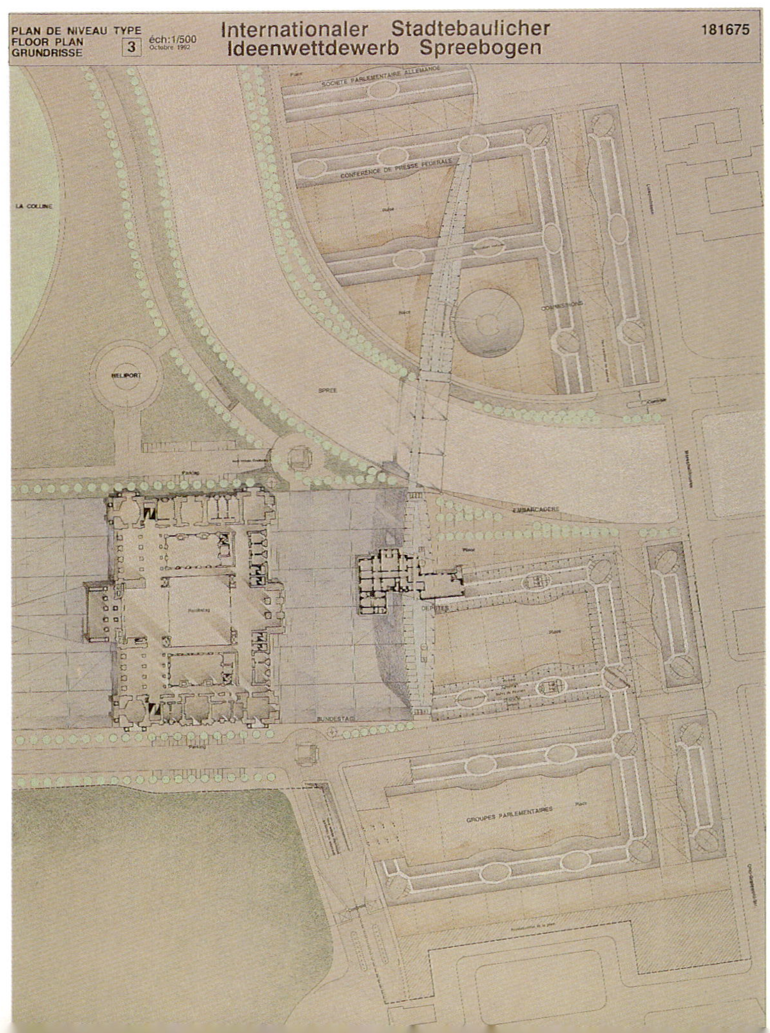

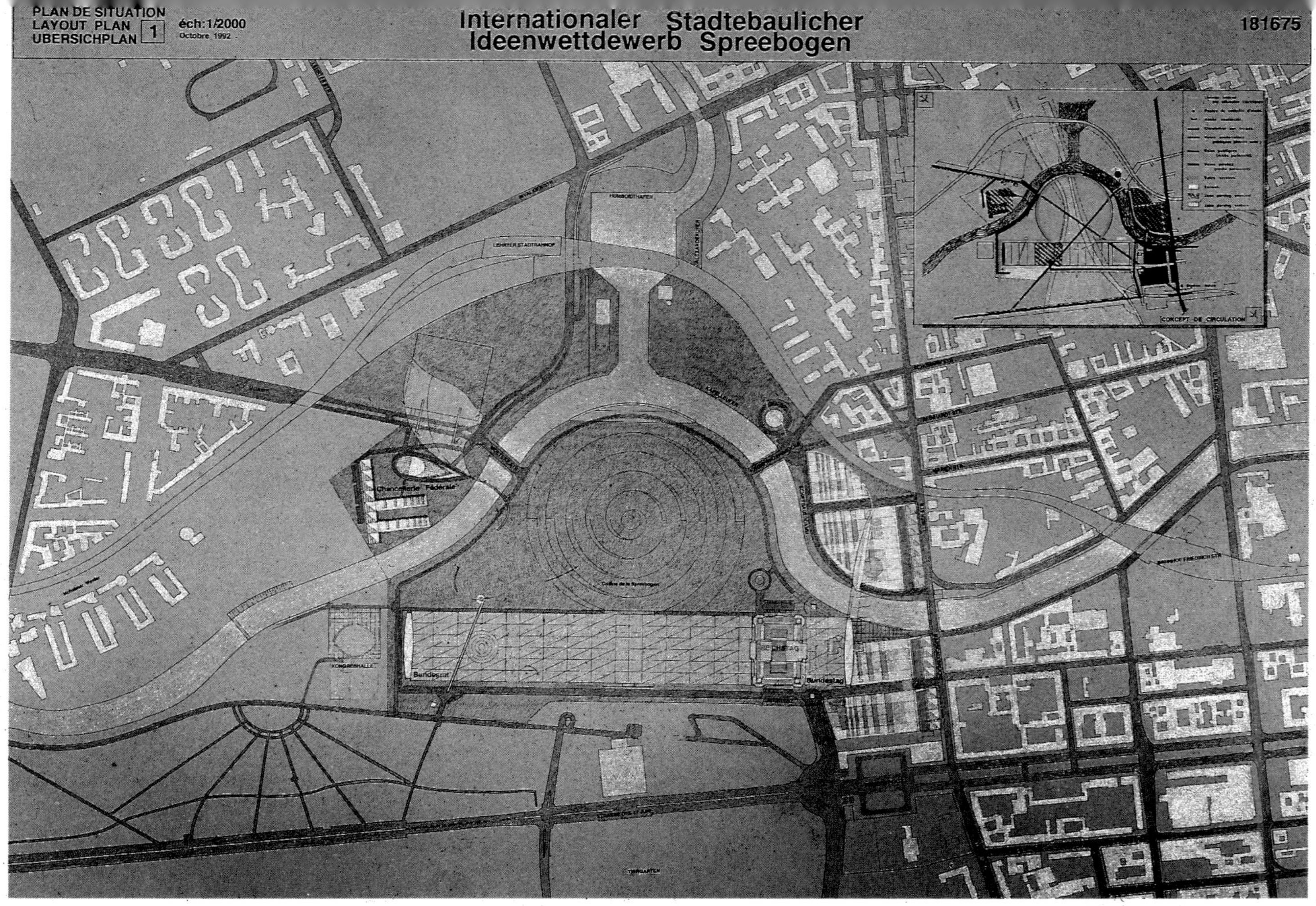
PLAN DE SITUATION
LAYOUT PLAN
UBERSICHPLAN
1
éch:1/2000
Octobre 1992
Internationaler Stadtebaulicher
Ideenwettdewerb Spreebogen
181675
CONCEPT DE CIRCULATION
Chancellerie Fédérale
Bundesrat
Bundestag

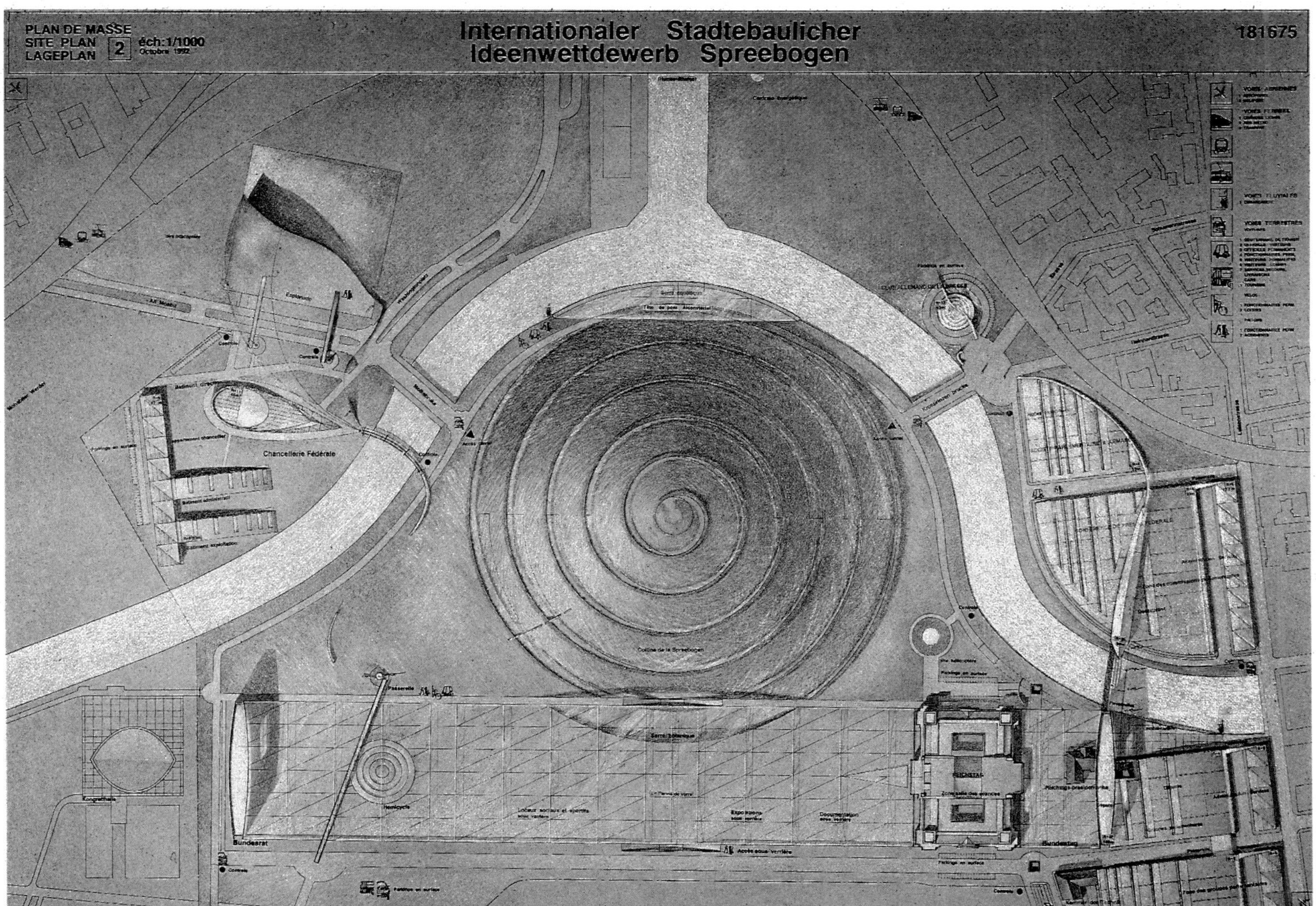
PLAN DE MASSE
SITE PLAN
LAGEPLAN
2
éch:1/1000
Octobre 1992
Internationaler Stadtebaulicher
Ideenwettdewerb Spreebogen
181675
Chancellerie Fédérale
Bundesrat
Bundestag

NOUVELLE PISCINE DELIGNY

La disparition de la piscine Deligny, dernier établissement de bains sur la Seine à Paris, qui sombra dans les flots à la fin du printemps 1993, ne saurait être définitive.

Cet établissement, inscrit à l'Inventaire supplémentaire des Monuments Historiques, était en effet l'héritier d'une longue tradition, le premier bain chaud installé sur un bateau ayant été construit sur la Seine près du Louvre, dès 1761. Deligny ayant lui-même ouvert son école de natation près du pont de la Concorde, côté quai d'Orsay, dès 1808...

Jean-Jacques Ory propose dans ce dessin une solution qui inscrit le futur établissement sur la berge et sur la Seine, en lui donnant la forme d'une sorte de transatlantique à l'ancre. Sur le pont principal est installé le bassin de natation, tandis que le "Château", avec ses trois étages qui pourraient abriter un restaurant panoramique, accentue l'architecture navale du parti. ■

UN PALACE, PLACE D'IÉNA

Ce projet élaboré en 1991-1992 s'inscrivait dans le cadre d'une recherche pour la reconstruction de l'immeuble occupé pendant une trentaine d'années par la CFAO, avenue d'Iéna face à la place, et sa reconversion en grand hôtel de luxe.

Le bâtiment précédent, très caractéristique de l'architecture des années soixante, devait être entièrement restructuré afin de donner aux façades une typologie urbaine radicalement nouvelle et en symbiose d'échelle et de modénature avec les immeubles voisins.

Une suite de volumes nouveaux se développaient jusqu'à l'extrémité du terrain, assez profond et en belvédère sur la Seine du côté des jardins.

Les concepteurs utilisaient cette situation exceptionnelle en fragmentant les volumes à construire afin que l'ensemble puisse bénéficier de la vue sur Paris et la Seine, grandiose depuis ce belvédère, et constituer un événement architectural digne de cette situation privilégiée.■

CENTRE D'AFFAIRES WASHINGTON-PLAZA

La rénovation de l'immeuble Shell s'est déroulée en 1992-93. Elle a fait disparaître les bâtiments intérieurs organisés autour des six anciennes cours, au profit de nouvelles constructions qui s'inspirent de l'ancien plan. Afin de favoriser un meilleur éclairement naturel, des façades inclinées règnent au-dessus des cours-jardins.

Les bâtiments sur rue ont été conservés mais complètement remaniés. La surface utile, qui était de 51 798 m^2 avant rénovation, est passée à 55 986 m^2, tandis que la surface reconstruite représente 80 000 m^2:

Le chantier a connu des phases particulièrement délicates, en raison notamment de la réalisation simultanée des infrastructures et des superstructures.

Les quatre étages de parkings ont nécessité le creusement d'une excavation de onze mètres de profondeur et l'enlèvement de 57 000 m^3 de déblais. Ces travaux furent cependant rapidement conduits puisque, en neuf mois seulement, les entreprises procédèrent à la démolition des bâtiments anciens, ce qui correspondait à 45 000 m^3 de gravats et 5 000 tonnes de ferrailles.

Une paroi périphérique de 5 000 m^2 fut ensuite coulée en place, tandis que 148 poteaux de 17 mètres de profondeur étaient fondés. Ils portent une dalle "transfert" de 5 000 m^2 dont la présence a permis l'exécution simultanée des parkings et des étages de bureaux.

La restauration des façades de Lucien Bechmann rues de Berri, d'Artois et Washington, très caractéristiques de l'interprétation que cet architecte avait faite du style "Art Déco" a fait l'objet d'études détaillées menées, en concertation avec l'architecte des Bâtiments de France et l'Agence Delaage-Tsarapoulos, maître d'œuvre général.

Cette architecture qui comportait des éléments forts (motifs d'angle, avant-corps, soubassements, grand ordre monumental), avec une systématisation de la trame fonctionnelle des bureaux, préfigurant la conception des buildings plus récents.

Cependant, les percements et la hauteur des allèges ne permettaient pas de donner assez de lumière à l'intérieur des bureaux et conféraient à l'ensemble un caractère trop fermé.

C'est pourquoi Jean-Jacques Ory a proposé une solution de réhabilitation qui a permis d'augmenter sensiblement la surface des baies tout en respectant les modénatures existantes. Les façades remises à neuf incorporent les composants techniques les plus performants : larges baies en glace isolante, menuiseries en aluminium anodisé, allèges en aluminium moulé. J.-J. Ory a dessiné les allèges, les balcons, les cabochons en relief qui marquent les bandeaux des étages, dans le respect de l'architecture de Lucien Bechmann. On a ainsi obtenu un contraste entre l'architecture "années 30" à l'extérieur et la nouvelle écriture plastique des espaces intérieurs avec leurs

verrières en cascades autour des cours-jardins.

Devant les parois de verre semi-réfléchissant règnent des lisses métalliques horizontales, dont le fin profil est inspiré de la ligne Coffin Nose, capot d'une voiture américaine exposé au Musée d'Art Moderne de New York.

Leur présence confère à ces façades une modénature très présente bien qu'exprimée dans un parti de légèreté. Un soin particulier a été apporté aux choix des matériaux, granits flammés polis ou grésés, etc. Les poignées de portes elles-mêmes ont été dessinées sur un thème géométrique emprunté aux motifs des allèges de façade.

Dans l'un des patios, un bassin et sa cascade ajoutent la féerie des eaux à celle des matériaux et des volumes environnants.

Dans cette importante réalisation, Jean-Jacques Ory avait pour mission la sauvegarde de l'architecture de Bechmann dans ce qu'elle avait de plus signifiant ; il s'y est scrupuleusement attaché, en faisant remonter notamment les parois en granit poli rouge sang, sur lesquelles ont été remises en place, ou restituées lorsqu'elles avaient disparu, les fleurs aquatiques stylisées, qui surmontent les colonnes et les pilastres.

L'architecture créée pour le building Shell par Lucien Bechmann a ainsi retrouvé une nouvelle splendeur. ■

Quelques points d'histoire

L'immeuble Shell, construit en 1930-33 par Lucien Bechmann, était à l'époque le plus vaste immeuble de bureaux de Paris. Il pouvait abriter 4 000 personnes. Un grand passage transversal en rez-de-chaussée assurait la liaison entre la rue de Berri et la rue Washington. A l'angle des rues Washington et d'Artois se trouvait l'entrée principale.
Le bâtiment avait été conçu dans le souci du fonctionnalisme et de l'hygiénisme qui caractérisent cette époque.

Six cours intérieures lui assuraient un ensoleillement exceptionnel. Il comptait huit étages sur une surface au sol de 8 000m². Il fut considéré comme le prototype des bureaux modernes, ayant valeur d'exemple en France et en Europe. Il se différenciait formellement des "gratte-ciels" américains par la diversité de ses volumétries et son intégration au contexte urbain parisien. Les premiers occupants furent la Société des Pétroles Jupiter, tandis que sur la rue de Berri se trouvaient divers locataires. Le parking en sous-sol sur 3 500 m² pouvait recevoir 200 voitures. Si cela est peu en comparaison avec ce qui vient d'être réalisé lors de la rénovation (il y a maintenant 650 places sur quatre niveaux), c'était considérable à l'époque. L'immeuble Shell fut l'un des premiers à Paris à disposer ainsi d'un parking avec bien sûr une "station service"...

Autres innovations : l'ampleur des espaces de circulation, le nombre et la rapidité des ascenseurs, la présence, dans la galerie, de boutiques, salon de coiffure, restaurants, banques. Une centrale de production d'énergie au fuel alimentait un système de chauffage par panneaux dissimulés dans les plafonds, ce qui était également une "première" à Paris.

Les façades extérieures, à grands rythmes vercitaux, furent dotées d'avant-corps correspondant aux angles et aux entrées principales : trois sur la rue de Berri, trois sur la rue Washington, un autre plus monumental marquant le pan coupé Washington-Artois, et portant sur son fronton le sigle Shell. Ces façades étaient en pierre de tonalité claire avec rez-de-chaussée, des marbres rouges constituant un soubassement.

Rue d'Artois
Rue Washington

40

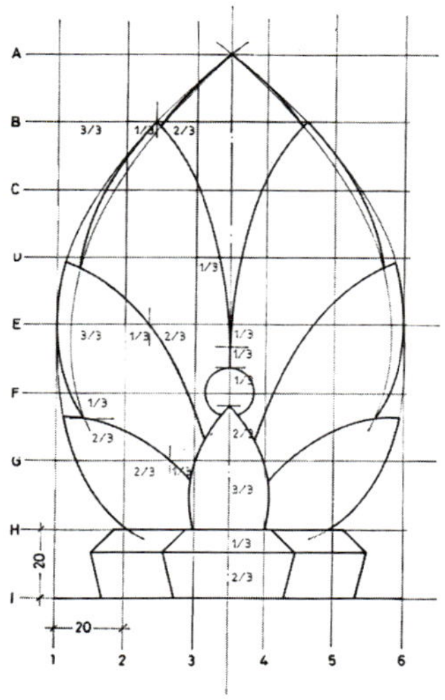

Immeubles Artois
Friedland
Washington

MONCEAU

CENTRE D'AFFAIRES BALZAC-SAINT-HONORÉ

Cet ensemble, terminé en 1993 pour Les Nouveaux Constructeurs et le Groupement Foncier Français, s'inscrit parmi les réalisations prestigieuses de l'Agence. Il a été conçu en association avec Anthony Béchu, Jean-Michel Wilmotte ayant été chargé des aménagements intérieurs privés.

Il remplace plusieurs constructions antérieures et notamment l'ancien Siège Social de l'Aluminium Français-Péchiney. Les bâtiments se développent sur un terrain de forme géométrique assez complexe de 3 500 m². La façade de l'avenue Bertie-Albrecht, construite dans les années 1930, a été conservée.

La façade Balzac a fait l'objet de plusieurs études avant d'être acceptée par l'architecte des Bâtiments de France et les différentes commissions de protection des sites.

Des propositions plus contemporaines, qui entraient cependant dans les mêmes gabarits urbains quant à la hauteur de l'immeuble, avaient été avancées par Jean-Jacques Ory ; ces écritures architecturales parurent trop audacieuses... Les concepteurs proposèrent alors un dessin plus classique alternant, dans une trame verticale, les cadences des fenêtres et des parties pleines. Les avant-corps courbes, légèrement saillants sont soulignés par de hautes brèches verticales.

Les bandeaux des étages, à la verticale de chaque travée, sont poncutés de cabochons de couleur venant en contraste avec la blondeur de la pierre de Massangis et de Villeneuve (Bourgogne).

L'entrée est fortement soulignée par des colonnes baguées en granit poli, dont les chapiteaux supportent une puissante architrave.

Ce portique, en retrait de la rue, conduit vers les espaces d'accueil au-delà desquels se trouve un premier patio circulaire orné de hauts-reliefs sculptés par Mitoraj, avec lesquels alternent les pilastres cannelés en Pongé. Les mosaïques des sols associent le marbre de Calacata. Ce grand hall, coupole Balzac, est coiffé d'une verrière ; il commande l'accès aux autres parties de l'édifice.

Un second patio, également coiffé d'une verrière, dite coupole Bertie Albrecht, assure la distribution de ces bâtiments proches de cette rue. Il est prolongé par un jardin paysagé, le patio Friedland. Deux autres jardins se trouvent au pied des ailes qui font face aux immeubles de la rue du Faubourg Saint-Honoré, patios Hoche et Saint-Honoré.

Pour le couronnement du bâtiment, côté rue Balzac, de longues et larges terrasses ont été aménagées en jardins suspendus surplombant le parc Salomon de Rothschild d'une part, les patios de l'autre.

La recherche conduite par Jean-Jacques Ory et l'équipe animée par Antoine Piétra s'exprime avec brio dans la conception des coupoles Balzac et Bertie Albrecht, par la finesse des profils, la puissance des piliers, le dessin des balustrades et des escaliers. Tous ces éléments participent, avec les matériaux et le choix des couleurs, à la monumentalité des espaces. La galerie circulaire de la rotonde Balzac, les trois passages intérieurs qui y aboutissent, procèdent de ce même esprit d'équilibre savant exprimé avec une élégante discrétion.

Dans les façades qui dominent les cours et les patios, le parti architectural associe les verticales des fenêtres et les éléments en avant-corps constitués par des passerelles horizontales qui épousent, à chaque étage, la courbe des murs. Ces coursives, qui ont aussi un rôle de brise-soleil, prennent appui sur des consoles en fonte d'aluminium moulé, et jouent un rôle prépondérant dans l'expression plastique. Ces façades sont en exacte cohérence formelle complète avec les coupoles. ■

Quelques points d'histoire

Le secteur où s'élève aujourd'hui le Centre d'Affaire Etoile-Saint-Honoré, était occupé à la fin du XVIIIe siècle et jusqu'à la Restauration, par les jardins de la Folie Beaujon.
Nicolas Beaujon – 1708-1789 – négociant bordelais, receveur des Finances, conseiller d'Etat, banquier, était à la veille de la Révolution l'un des hommes les plus riches de France.
En 1773, il avait acheté l'hôtel d'Evreux (présidence de la République) auquel il fit faire de somptueux aménagements par les architectes Boullé et Girardin.
C'est également à Girardin qu'il confia la construction de sa maison de campagne, la "Chartreuse" ou "Folie Beaujon" dans le faubourg du Roule.
Il avait acquis pour cela une vingtaine d'hectares dans le périmètre aujourd'hui défini par la rue Washington, les Champs-Elysées, l'avenue Hoche et le faubourg Saint-Honoré.
Rue de Courcelles il fit bâtir l'hospice qui porta son nom.
La propriété fut vendue à la Révolution puis transformée en 1801 en parc de loisirs par les frères Ruggiéri. Le "Jardin Beaujon", avec son moulin à vent, ses cascades, ses "montagnes aériennes", ses feux d'artifices, illuminations, envols de ballons, connut un immense succès jusqu'en 1824.
Ce qui restait de la Folie Beaujon, et qui avait été acquis par Balzac en 1845, fut acheté et démoli par la baronne Salomon de Rothschild.

ENSEMBLE CRÉAPOLE, RUE DE RIVOLI

Créapole, Ecole de Design japonais à Paris a été réalisée par la Société Coprim, à la demande de l'Institut Lepan, fondation pédagogique japonaise. Cet institut prend place dans un immeuble typiquement haussmanien, construit dans les années 1855, à l'époque de l'ouverture de la rue de Rivoli entre la place du Palais Royal et la rue Saint-Antoine. Les façades en pierre de taille, caractéristiques avec leurs balcons et leurs ferronneries et la toiture en comble brisé, ont été conservées.
Le parti contemporain s'exprime par contre très franchement autour d'un nouveau hall de distribution intérieur. Le traitement des étages affirme sa modernité, notamment dans le choix des matériaux – bétons bruts désactivés par exemple – en ce qui concerne l'amphithéâtre principal, les salles de cours, les espaces d'accueil et de détente, la cascade de verre, les menuiseries de laiton poli des façades donnant sur le patio, la présence de sculptures contemporaines.
Les surfaces se développent sur 1 600 m^2 pour les salles de cours et l'amphithéâtre principal.
Un mégastore de 900 m^2 est installé au sous-sol, tandis qu'une boutique de mode a été prévue au rez-de-chaussée sur la rue de Rivoli, élément symbolique illustrant le Japon d'aujourd'hui. La capacité d'accueil de Créapole sera d'un millier d'étudiants, elle procède du concept de l'école japonaise "Mode Gakuen" qui forme annuellement 600 personnes à Tokyo, Osaka et Nagoya. L'Ecole de la rue de Rivoli essentiellement consacrée à la formation aux métiers de la mode, résulte d'un projet conçu par Jean-Michel Leralu qui a piloté l'opération de bout en bout. Les étudiants y seront en majorité Français, l'enseignement multidisciplinaire se faisant en cycles de trois à cinq ans. ■

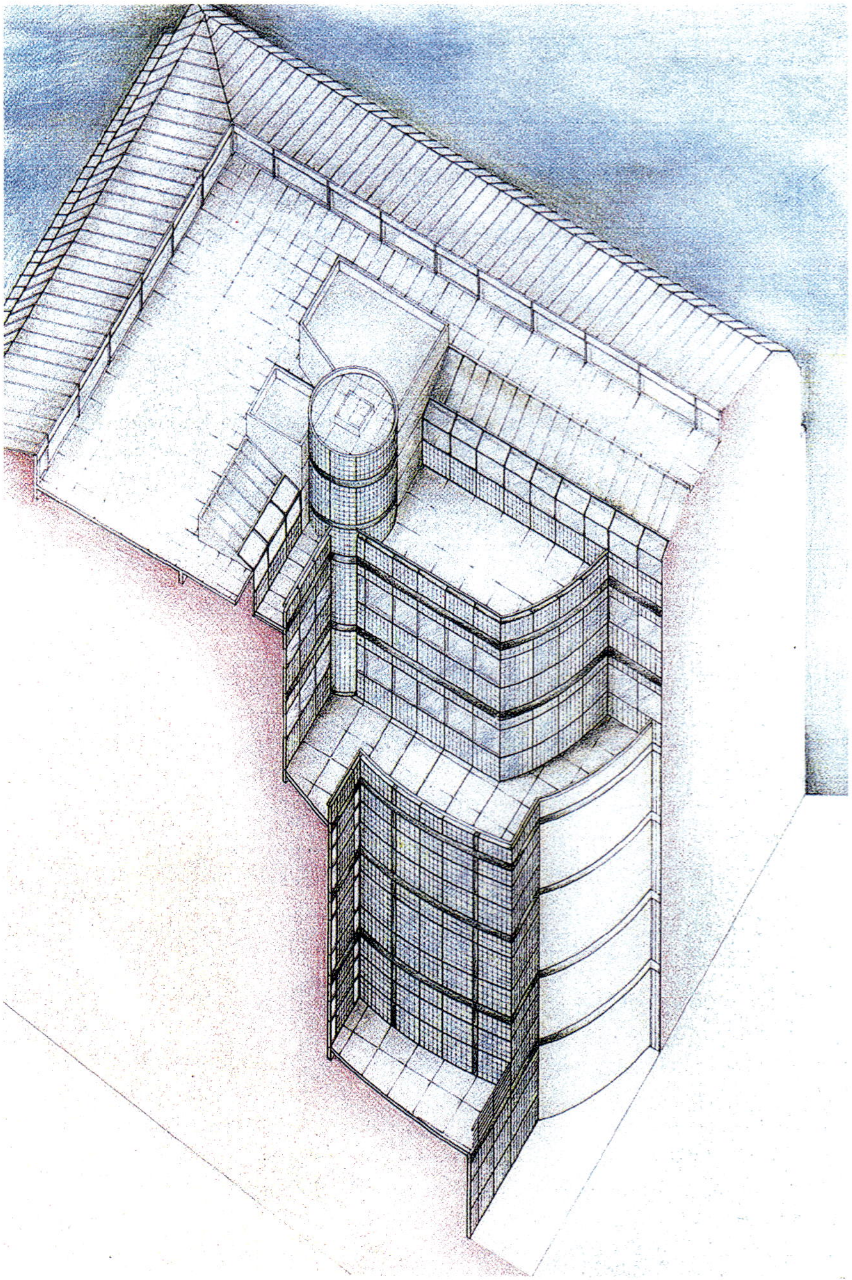

RÉNOVATION DU PALAIS DES CONGRÈS, PORTE MAILLOT

La rénovation prochaine du Palais des Congrès, donnant sur la place de la porte Maillot, a fait l'objet au début de 1994 d'une consultation restreinte auprès de quelques équipes d'architectes.

Il s'agissait de proposer une alternative à la façade réalisée dans les années 70 par l'architecte Guillaume Gillet, d'effacer les effets de masse provoqués par les longues coursives de béton et de gagner de nouvelles surfaces d'exposition et de bureaux (plus de 20 000 m^2) tout en donnant au bâtiment une image architecturale symbolique si possible des fonctions d'exposition et de congrès.

Cette greffe est une opération particulièrement délicate, compte tenu de l'importance du bâtiment qui s'étend jusqu'à la place de la porte des Ternes et que domine la haute tour de l'hôtel Concorde-Lafayette.

Dans le projet proposé par l'agence Ory, un bâtiment écran constitué d'un réseau croisé de fines structures métalliques portant des parois de verre se déploie sur la place de la porte Maillot. La partie centrale, qui pourra servir à l'identification et à l'affichage par écrans-panneaux lumineux, fibres optiques, est nettement délimité grâce à la présence de deux trames verticales dans lesquelles prennent place les ascenseurs panoramiques et escaliers. Deux ailes latérales marquent la symétrie et facilitent l'intégration à la partie en arrière-plan. Le couronnement de cette nouvelle façade est réalisé par un long et élégant fronton légèrement cintré qui court sur toute la largeur de l'édifice et abrite les terrasses, jardins et belvédères des niveaux supérieurs. ■

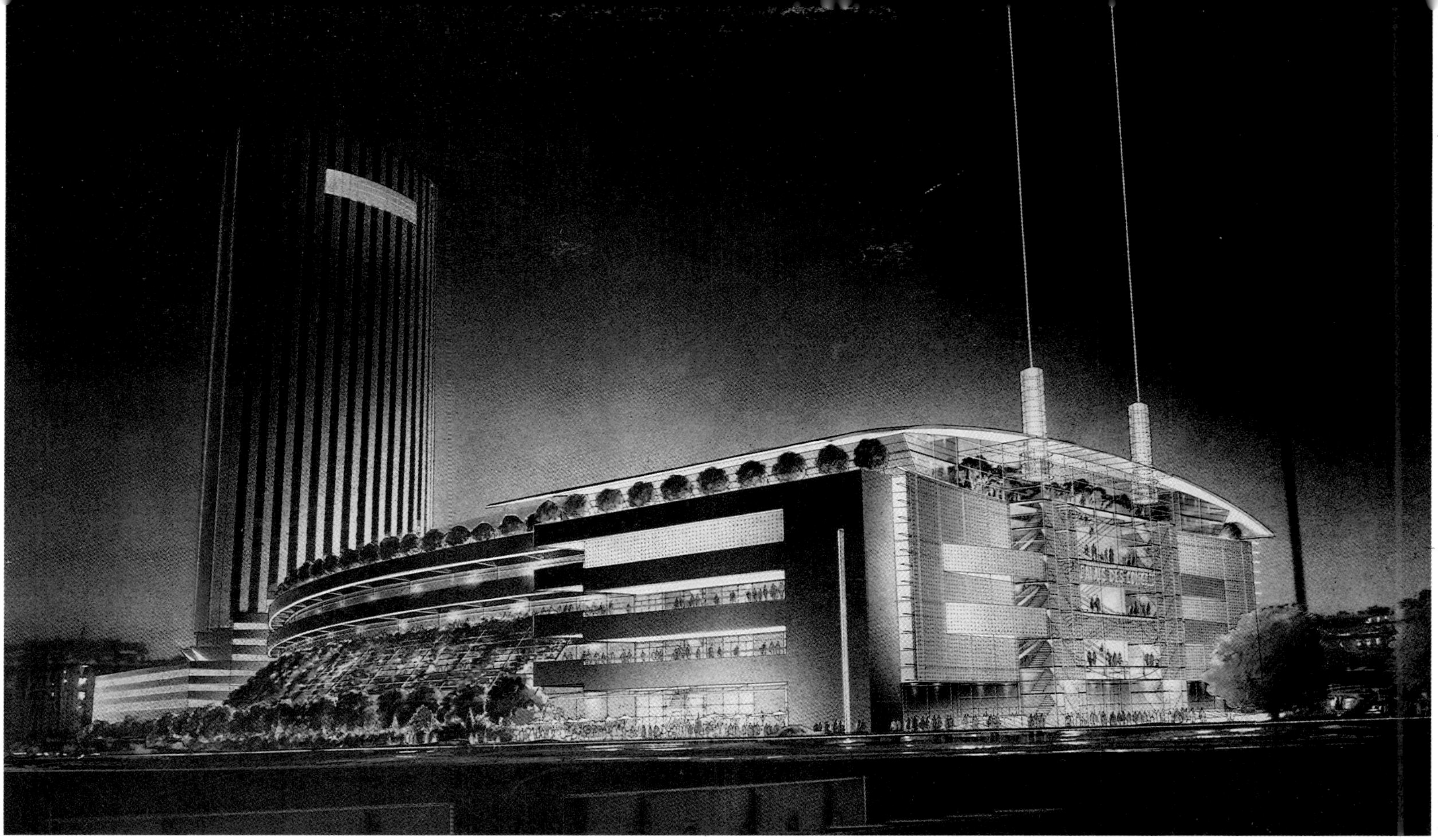

PALAIS DES CONGRES

MÉTROPOLE TÉLÉVISION "M6"

La chaîne M6 envisage sa réinstallation dans un immeuble construit dans les années 70, avenue Charles-de-Gaulle, à Neuilly. De ce bâtiment, dont l'architecture était devenue rapidement obsolète – et qui, d'ailleurs, ne convenait pas à la réalisation des studios et salles de presse – seules les structures en béton armé seront conservées. Au début du printemps 1994, Jean-Jacques Ory et son équipe ont présenté à la direction de la chaîne un projet de réhabilitation-reconstruction. Le nouveau bâtiment s'inscrit dans la continuité des immeubles de moyenne hauteur qui caractérisent l'avenue. Cependant, pour que l'identification soit évidente et le repérage visuel immédiat, il fallait concevoir une image forte pour la façade principale. C'est donc une façade écran intégrant un jardin, composée d'une grande paroi verticale en verre sérigraphié, éclairée la nuit par une multitude de fibres optiques permettant de dessiner soit le logo de M6, soit tout autre message visuel, qui a été proposée. Elle joue aussi un rôle de protection phonique par rapport à l'avenue où circulent 80 à 100 000 véhicules par vingt-quatre heures ; elle protège une superposition de coursives qui, à hauteur de chaque étage, sont autant de jardins suspendus. Cette façade végétale a pour contrepoint du côté cour, rue Jacques-Dulud, un grand volume central de forme conique qui rassemble les circulations verticales. Dans ce cône est installé un escalier à l'air libre. Cette disposition permet une distribution aisée des niveaux : studios en premier sous-sol, hall public au rez-de-chaussée, salles de rédaction au premier étage, bureaux aux étages courants, direction et restaurant d'entreprise aux étages supérieurs. ■

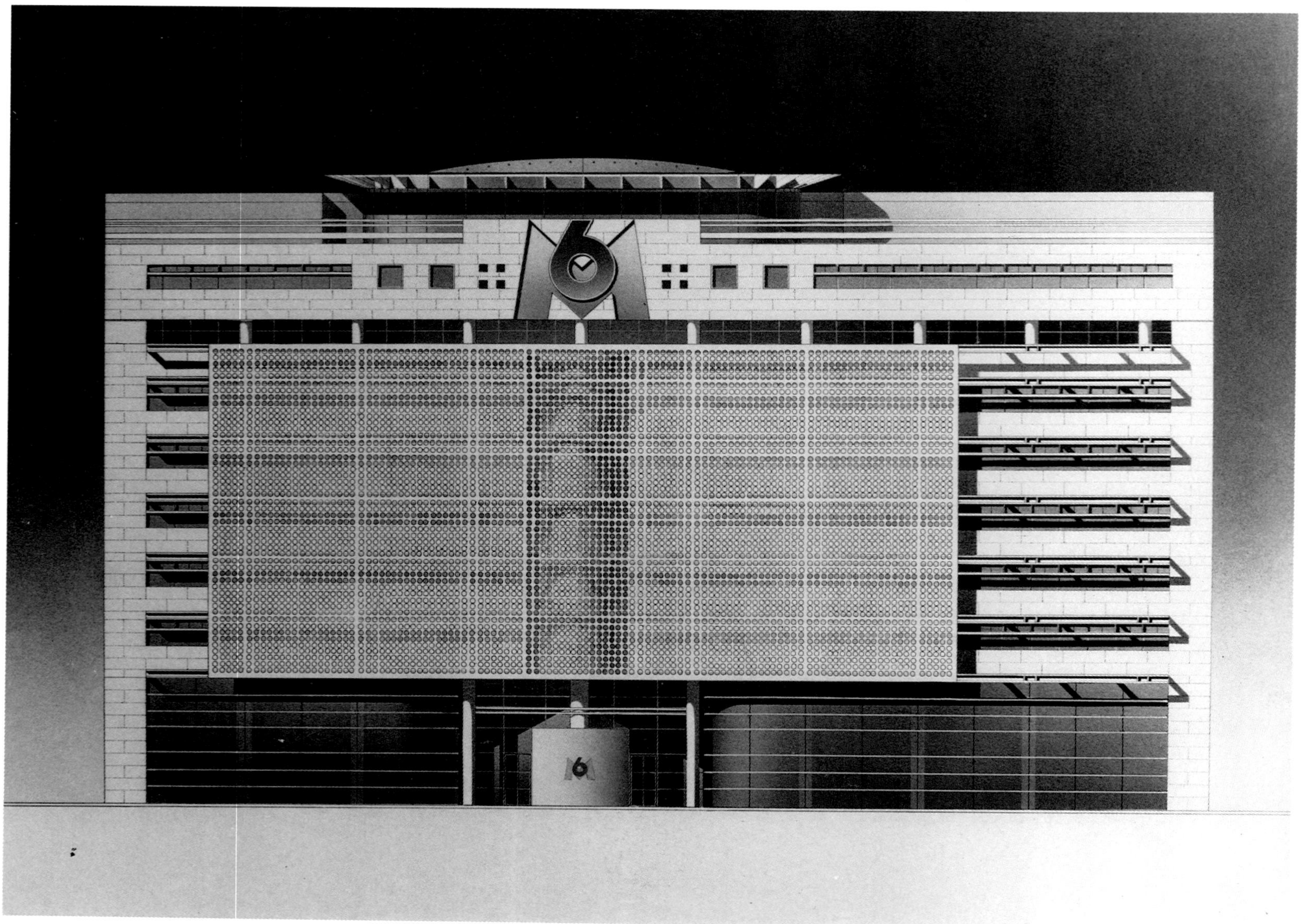

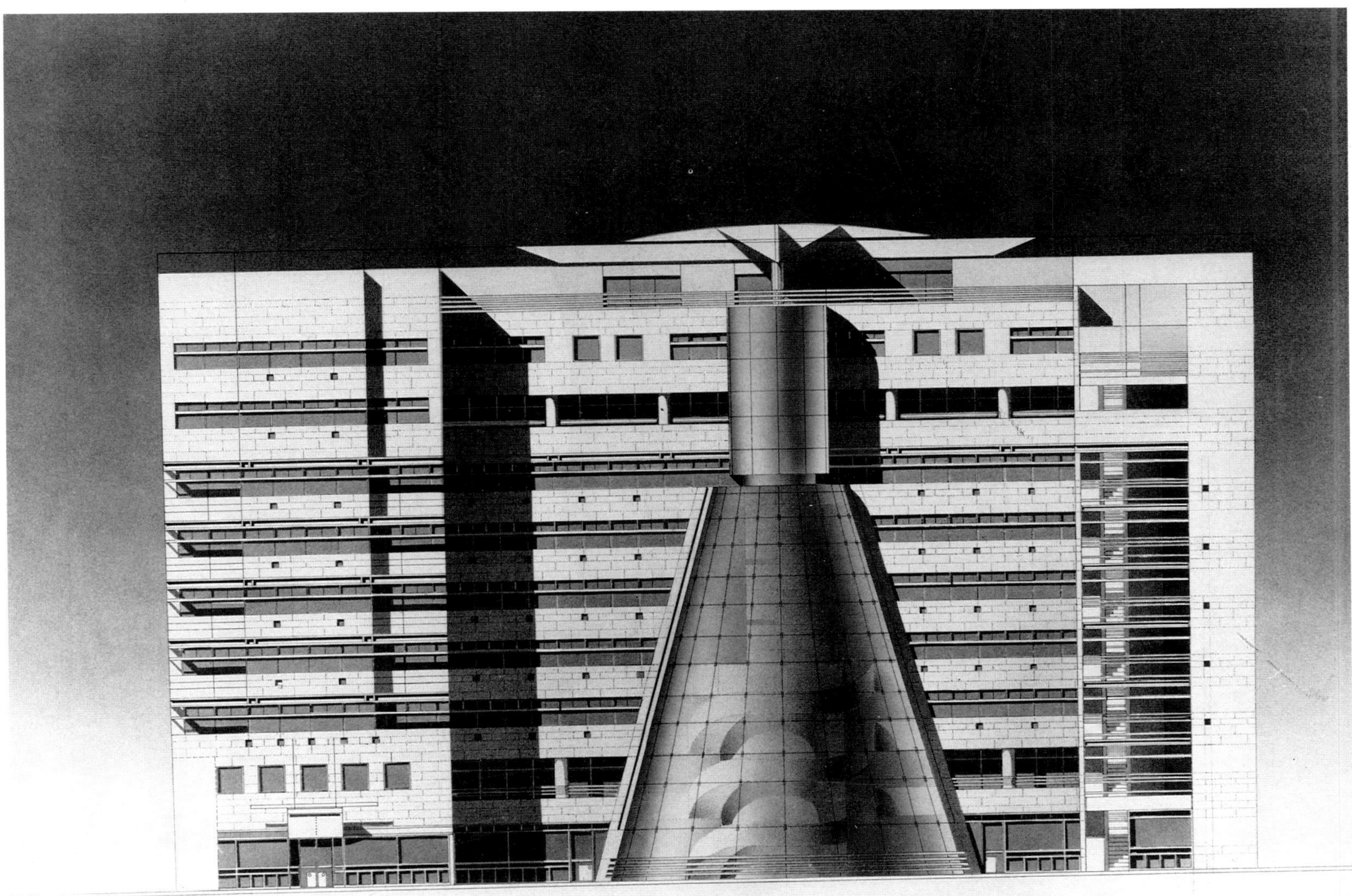

UN SIEGE SOCIAL A HOUILLES

Situé non loin de la Seine, dans la zone d'activités de Houilles, cet immeuble de bureaux s'inscrit dans un contexte urbain encore peu dense, au voisinage de la plaine maraîchère de Montesson.

L'immeuble assure, sur la rue, une continuité bâtie rytmée par les cadences verticales des structures de la façade principale ; une large et mince corniche en forme d'auvent, soutenue par de fines consoles obliques, constitue le couronnement.

La singularité du profil, qui permet une meilleure identification du bâtiment, est affirmée par l'émergence de la courbe d'un voile de béton au-dessus de la toiture. ■

USINE DE TRAITEMENT DES DECHETS URBAINS

Le Conseil Général du département de la Seine-et-Marne a décidé de réaliser dans les environs de Meaux une très importante unité de traitement et d'incinération des résidus urbains.
L'Agence Ory a été choisie en 1994, avec quelques grands architectes français, pour participer à l'étude d'un avant-projet pour l'installation envisagée.Le parti proposé se caractérise par de grands volumes correspondant aux espaces fonctionnels des halles nécessaires à la réception et au traitement des scories urbaines. Les profils biais des toitures et des murs pignons procèdent d'une analyse précise du fonctionnement des installations, la forme découlant ici directement de la fonction.■

Les réalisations et projets
de l'Agence ORY
présentés dans ce livre
ont été rendus possibles
grâce au concours des
architectes,
chefs de projets,
dessinateurs,
conducteurs de travaux,
ingénieurs,
administrateurs,
secrétaires,
dont les noms suivent :

Benié ADOU
Guy AGASVARI
Karim AHRES
Gaétano AIELLO
Nathalie APERT
Maurice ARBEL
Sylvie ARMAND
Pascal BAILLY
Marc BARRIER
Bernadette BAUCHE
Jeanne BAUER
Alain BAZATTE
Véronique BEDEAU
Patrice BEDIER
Mabrouka BELKHIR
Annette BERTIER
David BERTRAND
Frédéric BERTRAND
Bettina BEYLERIAN
Danièle BEZOT
Evelyne BIZARD
Jacques BLANCHARD
Catherine BOCQUILLON
Christine BOISSIER
Anne BOISSINOT
Stéphane de BOKAY
Yves BORDRY
François BOURDIN
Daniel BOUTHORS
Laurence BOUTIN
Elizabeth BOUVET
Catherine BRARD
Christelle BRION
Caroline BRUEDER
Jean CANOVAS
Michel CARPENTIER
Olivier CAURRIER
Karinne CAUSSELEAU
Michèle CEVEY
Laurent CHABOT
Lamia CHAKKOUR
Chong-Hevé CHAN-WAH
Martine CHAPEROT
Alain CHARGELEGUE
Philippe CHOLET
Anne-Florence CLERGUE
Ann CLICTEUR
Alain CLOATRE
Laurent COISPELLIER
Michel de COLIGNY
Isabelle COMTE

Monique CORDIER
Alberto CORNEJO
Petrescu COSTIN
Andrée COUPAS
Gérard COUTON
Sylvie COUTOUIS
Jean-Marc COUETOUX
Jean-Christophe COZ
Serban-Alexandre CRISTOVICI
Ahmed DAHMANI
Scarlett DAILLARD
Thierry DALLEMAGNE
Patrick DAVID
Brigitte DERSOIR
Gheorge DOGARU
Cécile DOMAIN
Jean-Pierre DUCERISIER
Kamel DUCHENE
Hervé DUCLAIR
Christine DUFFAU
Denis DUFOURCQ
Jean-Pierre DUVERT
Dominique DONDELLE
Renèse EDOUARD
Isabelle ESPINASSE
Théophile EWAGNIGNON
Véronique FABRE
Jean-Claude FACOMPRE
Fabrice FAJERSZTEJN
Wassin FARSHOUKH
Hélène FAUQUEUR
Clément FAURE
Berthe FEVEILE
Gérard FOIRET
Claire FOURNIER
Eric FREMINET
Luis FREMIOT
Laurence GAMA
Elisabeth GAMBIS
Louis GARDIES
Catherine GARONZI
Valérie GARREAU
Laurent GAUVRIT
Emilie GAYRAUD
Marie-Françoise GENCE
Christian GENEAU
Jennifer GILFOND
Barbara GLUCK
Jacques GOSSELIN
Laurent GRATOWSKI
Giorgio GREGORI

Alexandre GROS-HENRY
Sylvie GUEGUEN
Marie-Claude GUERPILLON
Nicolas GUERPILLON
Isabelle GUIDERDONI
Eliane GUIGONNAT
Pascale GUILBERT
Leila HABASSI
Jean HABR
Mona HATEM
Sylvie HEISSAT
Berengère de HENNIN
Pascal HOCINI
Caroline HOMERY
Muriel HOMERY
Eric HUDRY
Nabe IBEN HADDAD
Trajan IONESCU
Patrick JANSSEN
Philippe JOLIGEON
Christophe JOLY
Corinne JOUBERT
Paul JOUBERT
Jean-Paul JUMEL
Aude de KERROS
Ali KHADEMIAN
Nevenka KUMANUDI
Pascale LACORRE
Sandrine LAGADEC
Hervé LAGARDE
Nessi LANSON LATEVI
Philippe LAPRUN
Pierre LASSALLE
Marie-Christine de LASTEYRIE
Adeline LAURIOT-PREVOST
Christine LAVABRE
Michaela LAZARIOU
Hervé LE BERRE
Philippe LE BRISHOUAL
Pierre LE STRAT
Marilia LEAL MARQUES
Maria LEBLOND
Philippe LECLERC
Jean-Louis LECONTE
Evelyne LEGALLAIS
Guy-Michel LEGALLAIS
Brigitte LEGRAND
Gilles LEHOUX
David LEICHOVITCH
Gilles LEVERRIER
Jean-Pierre LEQUEUX
Agnès LESNE
Stéphane LESUEUR
Gilles LEVERRIER
Christian LOBERT
E. Adrian MAGHINICI
Philippe MAHON DE MONAGHAN
Olivier MAILLARD
Jean-Marc MALVEZIN
Sandrine MANUEL
Isabelle MAREIX
Marie-Christine MARGELI
Didier MARTINETTI
Maria-Emilia MARTINS
Catherine MARZLOFF
Nathalie de MAUBLANC
Gaëtan de MEAULNE
Radu MENDEL
Josiane METTOUDI
Corinne MILLOT
Claire MONOD
Marie-Elizabeth MONTASSIER
Marie-Dominique de MONTMARIN
Mia MOURIER
Bernard MOTTUEL
Guglielmina MUZIO
Ben Haddad NABIL
Adel NAJAH
Eric NAKY
Jamil NAMMOUR
Danièle NASR
Jean NEHME
Joseph NELSON
Anne NOGUE
Christophe NOUZE
Michel OCTOBRE
Sidonie ORY
Michel PAILLET
Marie-Christine PANNARD
Apostolos PAPAPOSTOLOU
Catherine PAQUIS
Georges PAULIN
Philippe PAYA FIROUZ
Antoine PIETRA
Pierre PHILY
Erika PIOU ROBERTS
Dominique PLATIER
Philippe POINTUD
Christine POOLE
Jean-Pierre POPESCOT
Geneviève POSPIESZNY
Josiane PREVOTEAU
Catherine PROUX
Mona Virginia PSYCHOYOS
Sylvie PUAUX MAILLARD
Vincent QUINTARD
Catherine RAGUET
Salah RAYANNE
Emmanuel REY
Maria-Alice RIBEIRO
Carlos RIBEIRO
Jean RIBEREAU-GAYON
Franck RIET
Jean-Pierre ROQUES
Fabienne ROQUIER
Olivier ROULLEAU-GALLAIS
Isabelle ROUSSIN
Hervé RUELLAND
Hala SAAB
Pierre SAAB
Joseph SAGHBINI
Zeina SAGHBINI
Martha SAINTE-CROIX
Catherine SECHER
Viorel SIMION
Thibaud SIMONIN
Isabel SIMPSON
Bernarda SLADEK
Hubert SORIN
Jerky SOROKIN
Edouard SOUDOURAYEN
Vincent SOUMBOU
Isabelle de SOUSA
Pilar SPILIOTOPOULOS
Joëlle TAMSSON
Laurence TANGUY
Patrick TAVERNIER
Dominique TEINTURIER
Tatiana TEREMETZ
Alain THIBAULT
Laurent THOMAS
David TOLEDANO
Alban TOLLU
Catalina TOPIRCEAU
Isabelle TOUSSAINT
Jean-Gabriel VALENTINI
Anne VARDAMASCOS
Eric VERNA
Catherine VIALATEL
Marc de VIENNE
Florence WALLER
Nicolas WALLER
Ralf WESTPHAL
Tanaka YOU

Photographies
DIDIER BOY DE LA TOUR
ALAIN GOUSTARD
FRANÇOISE MASSON
MICHEL MOCH

Réalisation
NATIRIS

Photogravure
EDICOMPO, Paris 11e

Impression
IMPRIMERIE HÉRISSEY, Évreux

Reliure
A.G.M., Forges-les-Eaux

N° d'édition : 0059
Dépôt légal : juin 1994
ISBN : 2-84114-045-8